Izabela Luiza Jahn

Radikale Praxis Seelenfrieden

Impressum

Bibliografische Information der Deutschen Nationalbibliothek:
Die Deutsche Nationalbibliothek verzeichnet diese Publikation in der
Deutschen Nationalbibliografie; detaillierte bibliografische Daten sind
im Internet über http://dnb.dnb.de abrufbar.

© 2021 Izabela Luiza Jahn

© Umschlagfoto: Izabela Luiza Jahn
Herstellung und Verlag: BoD – Books on Demand, Norderstedt

ISBN: 978-3-7534-2729-4

Dla Taty i dla Hani

EINS

AKRASIA IST KEIN WUNDERLAND

Eine alte Coachingweisheit lautet: „Wenn du es selbst nicht anwenden kannst, dann mach einen Ratschlag draus." Die Welt ist voll von Wissen um „was uns gut täte", und von Menschen die dieses Wissen im Kopf haben, die sich dann aber umdrehen und das exakte Gegenteil davon tun.

Die alten Griechen hatten schon ein eigenes Wort für dieses Phänomen: Akrasia. Griffiger als „Handeln wider besseres Wissen". Wir kennen das: „Ich esse diese Chips nicht. Auf keinen Fall. " Crunch, Schmatz. Tüte leer... Und boom: schlechtes Gewissen und Selbsthass. Und jetzt wo alles eh egal ist: wo war gleich die Schokolade?"

Genau, als Antidot gilt Selbstbeherrschung. Klarer Plan zur Selbstoptimierung, Ziele und Disziplin als Heilsbringer. Sixpack als Leistungs- und Selbstwertbeweis. Das führt dann u.a. zu High-Tech bepackten bergaufwärts fahrenden und lächelnvermeidenden Radfahrern, die verbissen ihren optimierten Trainingsplan absolvieren und anschließend die Auswertung likesheischend bei Facebook oder Insta posten. Gerade die sozialen Medien sind voll von den perfekten Körpern, Augenbrauen, Trainings und in ihrem Glutengehalt optimierten Mahlzeiten, der perfekten Morgenroutine und dem perfekten Leben sowieso. Alles ist geplant, hat ein konkretes Ziel und muss einen Nutzen bringen, sonst ist alles nichts. Es dreht sich alles um das ICH, und der Werbeslogan dazu beinhaltet sicherlich ein du, dein, für dich und ein Bündel von Emotionen und gehypten

Erlebnissen, denn das verkauft am besten. Auch du kannst den perfekten Lifestyle, Körper und Erlebnisse haben (mit unserem Produkt). Ist das denn wirklich machbar? Können wir perfekt sein, wenn wir uns bloß richtig zusammenreißen und den richtigen Krempel shoppen? Wohl kaum, wenn es den Jojo-Effekt gibt und angeblich 90% aller Neujahrsvorsätze scheitern, und Beziehungen immer um dieselben Probleme kreisen und in vielen Ländern die Leute kaum Geld auf der hohen Kante haben, dafür aber viele vermeintlich heilsbringende Produkte. Es gibt Dinge, vor denen es scheinbar kein Entkommen gibt. Sirenengesang, der uns an immer derselben Klippe zerschellen lässt.

Schwächen. Hat jeder. Gibt nur nicht jeder gern zu. Sieht auch nicht jeder. Und dann kommt die wohlbekannte Klippe... hat schon fast etwas Beruhigendes. Jeder muss eine Schwäche haben, heißt es ja nicht umsonst. Hehe.
Ja ganz lustig. Nur es war ja angeblich Einstein, der so treffend gesagt hat, dass „es Wahnsinn ist, wenn man immer wieder das Gleiche tut, aber andere Resultate erwartet." Es war natürlich nicht Einstein. Es lässt den Ausspruch nur legitimer und gewichtiger klingen in einer Welt, die bekannte Namen mit Autorität und Kompetenz verwechselt. Der Spruch ist trotzdem richtig, nur so nebenbei...

Aber wo ist dann das Problem? Wenn Perfektion nicht geht, dann ist Schwäche doch ok, oder?
Das Problem ist, wir streben dort nach Perfektion, wo sie unerreichbar oder obsolet ist, und drücken bei grandiosen Schwächen beide Äuglein fest zu. Wir polieren die Fassade und kehren den Schmutz nach innen, anstatt ihn loszuwerden und wundern uns, warum sich kein Glück und keine Erfüllung einstellen. Aber was bringt denn wirklich Glück?

Offenbar ist es nicht der gute Schulabschluss, nicht das Diplom und auch nicht das Auto. Und auch nicht das Haus - und die Familie ist es auch nicht. Und die Beförderung erst recht nicht, und sogar der Sixpack ist es auch nicht. All das sorgt höchstens kurzzeitig für eine Hochstimmung, und danach ist alles gleichermaßen grau wie zuvor.

Oder schlimmer, denn jetzt müssen Sie alles dafür tun, den Sixpack auch dauerhaft zu behalten, oder Sie scheitern und versagen...

Wir glauben es sehr gern, dass „wenn doch nur xy, dann werde ich rasend und wunschlos glücklich sein." Aber die Praxis lehrt uns, dass das a. nicht stimmt, selbst wenn es so kommt (!) und b. immer „irgendwas" ist, was nicht so läuft wie angedacht. Man kann so also nur verlieren. Jeder, der älter als zwanzig Jahre ist, weiß aus Erfahrung, dass das „Wenn ich erst xy habe, dann bin ich glücklich" Lied nicht stimmt. Nur glauben wir das so gern - vielleicht mangels Alternative?

Wie gewinnt man? Keine Erwartungen haben? Aber doch Ansprüche?
Kann man überhaupt gewinnen? Gibt es die eine Lösung, oder ist das alles sehr kompliziert und eben doch individuell?

Mein Lieblingsdenker sagt: „Glück ist unser natürlicher Zustand. Glück ist der natürliche Zustand kleiner Kinder, ihnen gehört das Königreich, bis die Dummheit der Gesellschaft und Kultur sie angesteckt und verdorben hat. Um das Glück zu erlangen, müssen Sie gar nichts tun, denn das Glück kann man nicht erlangen. Wissen Sie auch warum? Weil wir es schon haben. Wie soll man etwas erlangen, was man schon besitzt? Aber warum erfahren Sie es dann nicht? Weil Sie zuerst etwas verlieren müssen, und zwar Ihre Illusionen. Sie brauchen nichts Zusätzliches, um glücklich zu sein; im Gegenteil, Sie müssen etwas verlieren. Das Leben ist leicht, das Leben macht Spaß. Es ist nur hart zu Ihren Illusionen, Ambitionen, Ihrer Gier, Ihren Sehnsüchten." [1] Man muss also verlieren um zu gewinnen. Aber was genau sollen wir verlieren?

ZWEI
BRING DEN MÜLL RAUS

Streng genommen den hinderlichen Müll aus unserem Kopf. Da gibt es nur ein kleines Problem, wenn man so will eine Erbsünde, die uns vom Paradies fernhält, und die wir vom Hersteller leider fabrikmäßig eingebaut haben. Als Säugetiere kommen wir sehr unterentwickelt auf die Welt und sind von der Versorgung der Eltern existenziell abhängig, und darauf programmiert, alles zu tun um ihnen zu gefallen und ihre Zuneigung zu erhalten um tatsächlich zu überleben. Und mit alles meine ich wirklich alles. Die Eltern sind Gott im Universum des Kindes und es tut alles um sich anzupassen. Selbst wenn Sie liebevolle Eltern haben/ hatten, so haben diese ihre eigenen Beschränkungen und Deformationen, die auf Sie übertragen wurden, denn Sie wurden in bestimmter Weise (von Ihren Eltern bewusst und auch unbewusst) entsprechend erzogen. In der Regel werden Sie nicht dazu erzogen Ihr volles Potential zu entfalten und glücklich zu sein, sondern bestenfalls es mal „gut zu haben"- heißt in der Gesellschaft gut zu funktionieren und ein finanzielles Auskommen zu haben, und als Kind sollen Sie brav und folgsam sein - Sie werden also erzogen um nach bestimmten Vorstellungen zu funktionieren. Das sind nicht zwingend Ihre. Und das ist noch der beste Fall. Je gravierender die Probleme Ihrer Eltern mit sich selbst/untereinander sind, kurz je dysfunktionaler Ihre Familie, desto mehr haben Sie ein großes Problem: weil Sie sich um zu überleben an ein völlig krankes System maximal anpassen und sich dabei noch einreden, Sie seien schuld, da Kinder leider alles auf sich beziehen. Nicht nur gibt es dort kein Glück und keine dem Kind angemessene und gerechte Förderung, sondern die „perfekte" Anpassung an ein dysfunktionales System. Diese verursacht viele dauerhafte Schäden. Was im Kindesalter erlebt wurde, spurt sich richtig tief ein und formt die Persönlichkeit und die sozialen Kompetenzen:

„Bereits in den 1940er Jahren erhärtete sich im Rahmen der von John Bowlby und Mary Ainsworth etablierten Bindungsforschung die Erkenntnis, dass die ersten Lebensjahre bei der Ausreifung dieses

„sozialen Gehirns" entscheidend sind. Und zwar im Rahmen der frühkindlichen Bindungserfahrung mit der primären Bezugsperson, also in der Regel – aber keineswegs notwendigerweise – mit der Mutter. Zum einen erfahren Säugling und Kleinkind die Wohltaten der Fürsorge durch die Bezugsperson, und dies erzeugt ein Urvertrauen. Gleichzeitig differenziert sich durch die emotional-kommunikative Interaktion die anfangs noch diffuse Gefühlswelt des Kindes langsam aus. Durch die Art, wie die Bezugsperson mit ihm umgeht, prägt sich deren Gefühlswelt dem Kind zumindest teilweise auf. Das betrifft besonders den Umgang mit Stress und Belastungen, etwa der vorübergehenden Trennung von der Mutter, die Fähigkeit, auf Belohnungen zu warten, spontane Impulse zu zügeln, Konflikte gewaltlos zu lösen oder eine Vorstellung vom Fühlen und Denken der Anderen zu entwickeln – also alles, was zu den grundlegenden sozialen Kompetenzen gehört."[2]

Da wo es schief läuft, wirkt es sich verheerend aus, und beeinträchtigt die persönliche Entwicklung nachhaltig:

„Das setzt allerdings voraus, dass die betreuende Person, also meist die Mutter, selbst über entsprechende Kompetenzen verfügt. Sind diese nicht oder nicht ausreichend vorhanden, zum Beispiel aufgrund eigener mangelnder Bindungserfahrungen, Traumatisierung durch Misshandlung, Missbrauch oder schwere Schicksalsschläge, dann prägen sich diese Defizite in verhängnisvoller Weise in die Psyche und Persönlichkeit des Kleinkindes ein. Sie bilden zudem die Grundlage späterer psychischer Störungen einschließlich mangelhafter Bindungskompetenzen im Jugend- und Erwachsenenalter. Es entsteht dann ein stark erhöhtes Risiko, dass eine depressive Mutter ihre Erkrankung über ihr Verhalten an ihre Kinder weitergibt.
Die Folgen solcher frühkindlicher negativer Einflüsse sind inzwischen im Gehirn von Jugendlichen und Erwachsenen durch verschiedene neurobiologische Verfahren nachweisbar. Das geschieht meist, indem man die Menge bestimmter für die Psyche relevanter Substanzen (Neurotransmitter, Neuropeptide, Neurohormone) misst und mit Ergebnissen der funktionellen Kernspintomografie kombiniert. Dabei

zeigt sich, dass aufgrund frühkindlicher Schädigungen insbesondere diejenigen Gehirnteile betroffen sind, die mit dem Umgang mit Stress zu tun haben, mit Selbstberuhigung, Impulshemmung, Bindung und Empathie. Allerdings ist auch festzustellen, dass derartige Defizite sowohl im Gehirn als auch im Verhalten meist verschwinden, wenn innerhalb von rund zwei Jahren gute alternative Bindungserfahrungen gemacht werden.

[...] Eigentlich ist es dafür nie zu spät, obgleich eine Verbesserung der Befindlichkeit immer schwerer zu erreichen ist, je älter der Mensch ist."[3]

Das erklärt mitunter auch, warum es so schwer fällt, grundlegende Dinge dauerhaft und nachhaltig zu verändern. In meinem letzten Buch schrieb ich, dass es

„meine grundlegende Einsicht ist [...] dass wir gewisse Dinge nicht wahrhaben wollen:

1. Dass alles in der Kindheit liegt (und gegebenenfalls in traumatischen schwierigen Erlebnissen im Erwachsenenalter)
2. Dass wir davon so sehr durchtränkt sind, dass wir im Alltag nicht auf die Idee kommen, es könnte irgendwas mit unserer Wahrnehmung nicht stimmen
3. Oder dass wir unsere Probleme für so besonders halten, dass die „einfachen Methoden" eh nicht helfen
4. Wobei dies auch nur ein raffinierter Versuch ist, sich der Verantwortung für sich selbst zu entziehen
5. Und zu vermeiden, etwas verändern zu müssen
6. Denn wir fürchten das Unbekannte mehr, als den bekannten Schmerz."[4]

Wir halten uns für rationale und vernunftgesteuerte Wesen, dabei rationalisieren wir nur rückblickend unser Verhalten zu unseren vermeintlichen Gunsten. Selbst die kognitive Erkenntnis – wenn es gelingt die Verdrängung zu durchbrechen und Glaubenssätze freizulegen, reicht nicht aus. Denn es sind die Emotionen, die unser

Verhalten steuern, und diese sitzen tief eingespurt in uns und können in Bruchteilen von Sekunden mit alten Verhaltensmustern reaktiviert werden. Besonders bei Stress fallen wir in alte Bewältigungsstrategien zurück, und zudem wird die Belastung durch Stress auch viel massiver empfunden, man ist quasi doppelt bestraft. Dort wo man Ruhe und Gelassenheit am meisten braucht, ist diese hin, und lässt einen viel schneller in kindliche Verhaltensmuster regredieren.

Unsere Kindheit prägt auch unsere Partnerwahl, wir suchen nicht zwingend den für uns wirklich guten Partner sondern einen, der uns die gewohnten Gefühle aus der Kindheit beschert, die wir für Liebe halten. Diese haben sich, wenn man einigen Theorien Glauben schenken darf, seitdem nicht gewandelt, wir haben also eine sehr kindliche und unreife Vorstellung vom „Geliebt-Werden". Wenn Sie aus einer dysfunktionalen Familie kommen, suchen Sie sich also den Partner, der mit Ihnen die Dynamiken Ihrer Kindheit neu entstehen lässt und Ihnen die vertraute Ladung Schmerz beschert. [5]

Was bedeutet das alles für unsere Fragestellung? Zur Erinnerung: Kann man den Müll wirklich rausbringen? Kann man das alles hinter sich lassen? Richtig, gründlich, endgültig?

Ja, aber zum einen haben Sie Schiss, das was Sie vielleicht sogar als richtig erkannt haben anzuwenden, denn es kann bedeuten sich zu konfrontieren, alleine da zu stehen und bei null anzufangen. Und zum anderen werden Sie durch ihre Emotionen in der Partnerschaft, bzw. im Umgang mit Ihnen wichtigen Menschen wieder zum Kleinkind, und schon ist alles wieder beim Alten. Es ändert sich nichts, oder kleine Veränderungen gehen in vehementen Reibereien mit der Zeit unter, oder sie gehen unter, weil Sie aus Gewohnheit in alte Verhaltensmuster zurückfallen. Wir leben zudem in einer Gesellschaft, die uns dazu aufruft zu tun „was sich für dich gut anfühlt" und damit „authentisch" zu sein. Das heißt aber, dass Sie einfach Ihren Launen, Impulsen und Emotionen folgen, und dadurch auch ein „großes unreifes Kind" oder gar ein „authentisches Arschloch" sein können, das andere verletzt und sich einfach unreflektiert und rücksichtslos (ggf. auch autodestruktiv) auslebt. Miłosz Brzezinski sagte in einem Interview so schön: „Authentizität ist kein Wert an sich." Das ist absolut richtig, und erklärt auch warum wir allem Individualismus und vermeintlicher „Authentizität" zum Trotz nicht wirklich in einem glücklichen und sinnerfüllten Leben ankommen.

Uns fehlt neben echtem Selbst-Verständnis auch Moral. Gerade die Moral ist in letzen Jahrzehnten ziemlich unpopulär geworden. Sie gilt als angestaubtes Relikt der Weltreligionen, als starre kleingeistige Vorschrift, die unsere fortschrittliche aufgeklärte Welt nicht braucht.

Stimmt das? In einem Interview sagt Jordan Peterson sehr treffend auf die Frage, ob es keine andere Wahrheit, als nur die Wissenschaftliche gibt: „das ist nicht wahr, weil was die wissenschaftliche Wahrheit einem sagt ist: wie die Dinge sind. Aber es ist die echte religiöse Wahrheit, die dir sagt wie du dich verhalten solltest.[6]

Bei Steven Covey findet sich auch dieser Gedanke, den er unter dem Begriff der Prinzipien fasst: „Das sind natürliche Gesetze, Teil des Gewebes einer jeden zivilisierten Gesellschaft in der Geschichte. [...] Diese Prinzipien sind Teil fast jeder größeren, bleibenden Religion sowie beständiger Sozialphilosophien und ethischer Systeme. Sie sind evident, und lassen sich leicht von jedermann verifizieren. *Es ist beinahe so, als seien diese Prinzipien oder natürlichen Gesetze Teil der conditio humanae, des menschlichen Bewusstseins, des menschlichen Gewissens. Sie scheinen in allen Menschen vorhanden zu sein, unabhängig von der sozialen Konditionierung und der Loyalität ihnen gegenüber, auch wenn sie manchmal unterdrückt oder betäubt sein mögen.*"[7]

So wird es Zeit in sich zu kramen, und sich zu befragen: welche Werte habe ich? Welche sind mir wichtig? Und die allerwichtigste Frage: sind das Lippenbekenntnisse, oder lebe ich danach? Wie sieht ein wertvolles, sinnerfülltes Leben für mich aus? Lebe ich das?

„So sollten Sie sich verhalten: Sie sollten so handeln, dass die Dinge gut für Sie sind, so wie sie für jemanden sind, um den Sie sich kümmern, aber sie müssen auf eine Weise gut für Sie sein, die auch gut für Ihre Familie ist, und sie müssen es auch in einer Weise gut sein für Sie und Ihre Familie, die auch gut für die Gesellschaft und vielleicht sogar gut für das allgemeine Umfeld und die Umwelt und die Welt ist [...] und das jetzt, nächste Woche, in einem Jahr und in zehn Jahren."[8]

DREI
RADIKALE EHRLICHKEIT

Es ist entscheidend, knallhart ehrlich zu sich selbst zu sein. Es ist äußerst schwierig, die eigenen Schwächen tatsächlich zu sehen (ich meine hier nicht den koketten Mist, den man in Vorstellungsgesprächen von sich gibt) sondern die, die Ihnen immer wieder vor die Füße fallen, und das Leben schwer machen. Wie man die Verdrängung knackt, und im Urschleim nach Glaubenssätzen usw. usf. sucht und diese umwandelt, das habe ich im vorigen Buch[9] ausführlich und mit Beschreibung verschiedener dazu dienlicher Techniken dargelegt. Hier in aller Kürze: ja, es kommt aus der Kindheit, wie Sie geprägt wurden (bewusst, unbewusst), es muss erkannt und angenommen werden, nur dann können Sie etwas verändern. Alles was Sie von sich schieben und nicht sehen wollen, ist genau das, was im Weg ist. Nennen Sie die Dinge beim Namen. Bevor das zu einer schöngeistigen Luftnummer wird, prüfen Sie, ob es einen Unterschied gibt, in dem, was Sie von sich denken, und wie Sie sich dann in bestimmten echten Situationen verhalten. Vielleicht haben Sie sich selbst angenommen, haben aber im Umgang mit für Sie wichtigen Menschen (Partner, Eltern, Vorgesetze) das Gefühl, immer etwas Besonderes leisten zu müssen, um sich Liebe, Anerkennung und Annahme zu verdienen? Sind zwei Paar Schuhe. Bedeutet aber, dass Sie nur auf Ihrer Couch sinnierend sich selbst wirklich wertschätzen.

Haben Sie Grenzen? Zeigen Sie diese? Oder lächeln Sie die ganze Zeit freundlich, ganz gleich, was man Ihnen antut und verbiegen sich, weil Sie Konflikte nicht ertragen, oder die Ablehnung fürchten ... Das ist keine Schande, aber wie gesagt nur das was Sie sich eingestehen können Sie verändern. Und das Verändern ist noch eine Herausforderung an sich.

Solange Sie von äußeren Dingen bestimmt sind, und nicht aus Ihrem Innersten (das auf klaren Grundlagen und überlegt gefassten Entscheidungen aufbaut) entscheiden, entscheiden andere oder die Umstände für Sie. Das mag bequem scheinen, sich einfach treiben zu lassen, und erklärt warum so viele Menschen sich selbst nicht hinterfragen und die Introspektion meiden wie der Teufel das Weihwasser. Aber genau das ist das größte Problem: „Wann immer wir glauben, das Problem sei „da draußen", ist dieser Gedanke das Problem. Wir geben dem, was da draußen ist, die Macht, Kontrolle über uns zu haben."[10]

Folgt man Coveys Argumentation, so gibt es im Grunde zwei Arten von Menschen (wodurch auch immer diese so geworden sind), *die aber dadurch diametral andere Leben führen:*
„Es heißt, dass wir als Menschen selbst für unser Leben verantwortlich sind. Unser Verhalten ist eine Funktion unserer Entscheidungen, nicht der gegebenen Bedingungen. Wir können unsere Gefühle Werten unterordnen. Wir haben die Initiative und die Verantwortlichkeit, Dinge zu gestalten. Die Fähigkeit, einen Impuls einem Wert unterzuordnen, ist die Essenz eines pro-aktiven Menschen. Reaktive Leute werden von Gefühlen, den Umständen, den Bedingungen oder ihrer Umwelt getrieben. Pro-aktive Menschen erhalten den Antrieb aus ihren Werten - sorgfältig überdachten, ausgewählten und internalisieren Werten."[11] Daraus ergibt sich auch, dass eigentlich nur den nicht reaktiven Menschen gegeben ist, „ihr" Leben zu führen. Die anderen bekommen wenn überhaupt dann vielleicht durch glücklichen Zufall eins, mit dem sie zufrieden sind. Wenn Sie reaktiv sind, sind Sie Spielball vieler Wechselfälle und sehen sich ggf. noch als Opfer. „[Die Menschen] fühlen sich immer mehr als Opfer ohne

Kontrolle über ihr Leben und Schicksal. Sie suchen die Schuld an ihrer Situation bei Kräften außerhalb ihrer selbst, anderen Leuten, den Umständen, selbst bei den Sternen."[12]

Es ist aber wahr, dass wir „unabhängig davon, ob ein Problem direkt, indirekt oder gar nicht von uns zu beeinflussen ist, [...] wir den ersten Schritt zur Lösung in den Händen [halten]. Unsere Gewohnheiten, die Art, wie wir Einfluss nehmen, und unsere Art, mit Problemen, die außerhalb unserer Kontrolle sind, umzugehen, das alles liegt in unserem eigenen Einflussbereich."[13] Viktor Frankl erkannte (und er tat dies als Häftling in einem Konzentrationslager!), dass „die letzte der menschlichen Freiheiten in der Wahl der Einstellung zu den Dingen [besteht]." Er führt dazu aus, dass „zwischen Reiz und Reaktion ein Raum [liegt]. In diesem Raum liegt unsere Macht zur Wahl unserer Reaktion. In unserer Reaktion liegen unsere Entwicklung und unsere Freiheit."[14]

Ganz gleich, was uns das Leben bringt, wir haben es zu verantworten, wie wir uns entscheiden damit umzugehen und ob wir dadurch wachsen oder uns selbst und/oder anderen schaden. Idealerweise basiert die Entscheidung auf klaren eindeutigen Werten, die für Sie immer Gültigkeit haben, und die Sie entsprechend auch mit Leben füllen – also auf Ihrer Integrität.

VIER
RADIKALES HANDELN

Bis Sie Ihre Werte und Einsichten nicht tatsächlich leben, ist ein eigentlich völlig gleichgültig, was Sie denken. Es wird erst bedeutsam, wenn Sie danach handeln. Aber das ist sehr schwierig, nicht wahr? Wie viele Menschen kennen Sie, die sagen, sie möchten gesund leben und sich gesund ernähren, es aber schlicht und ergreifend sofort „vergessen", wenn sie Appetit auf etwas Ungesundes bekommen? Wie viele, die sagen, sie wünschen sich nichts mehr als einen liebevollen Partner zu finden und dass ihnen Familie wichtig sei, die sich dann aber durch die Welt tindern, und sich wundern, „dass es nicht klappt mit der Liebe"?

Es heißt so schön „You get what you repeat" und genau so kommt es. Sie können sich denken und wünschen was Sie wollen, wenn Sie aber anders handeln, werden Sie auf Dauer durch ihr Handeln bestimmt. Um also bei dem letzten Beispiel zu bleiben, Sie bringen sich selbst bei, zwischenmenschliche Kontakte oberflächlich und funktional zu halten, und flachen, bedeutungslosen Sex zu haben, der keine tiefe innige Verbindung zulässt (das gelingt nur in beständigen Beziehungen, die man zudem gut pflegt).[15] Ferner ist Verbindlichkeit und Verlässlichkeit eher auch kein Kriterium, das in unserem Beispiel gelebt wird, in einer Beziehung sind diese Qualitäten aber von besonderer Bedeutung. Ihr Handeln bringt Sie von dem, was sie eigentlich erreichen möchten ab, und beeinflusst mit der Zeit Ihre Fähigkeit, die Art von Beziehung zu leben, die Sie vermeintlich möchten. Ein recht hoher Preis für das Bisschen „Spaß".

Hier geschieht es vielleicht schleichend, und lange Zeit unbemerkt in den Auswirkungen. Wobei die Auswirkungen unseres Handelns sich meist verzögert einstellen. Deswegen ist es im „Hier und Jetzt" so unattraktiv, das Richtige zu tun. Im „Hier und Jetzt" bringen andere Dinge die kurzfristige Belohnung, die aber näher betrachtet ein trojanisches Pferd ist. Es fällt umso schwerer, auf diese zu verzichten, je reaktiver man ist (und das kann in verschiedenen Lebensbereichen variieren, also freuen Sie sich nicht zu früh, oder schauen zu voreilig auf andere Menschen herab). Vieles ist nicht so offensichtlich, wie z.B. eigentlich Diät machen wollen, und trotzdem täglich Kuchen essen. Was ist es bei Ihnen? Eine wichtige Frage in diesem Zusammenhang ist, mit was für Menschen umgeben Sie sich? Ob „Peer-Group Effekt, oder die 5 Personen Regel nach Jim Rohn, die da besagt, dass man der Durchschnitt der fünf Personen ist, mit denen man die meiste Zeit verbringt, oder als polnisches Sprichwort, das besagt, dass man so wird, wie die Leute mit denen man verkehrt[16] - es läuft auf dasselbe hinaus – Ihr Umgang beeinflusst Sie und wie Sie sind oder werden, auch wenn man hier zu Selbstüberschätzung neigt, dass es einen nicht beeinflusst. Wissen Sie wie man aus einem einfachen Menschen einen Folterer macht? Wirklich ganz einfach, die prominentesten Beispiele sind Milgram mit seinen Stromstößen, oder Zimbardos Gefängnisexperiment. Seien Sie also wachsam und wählen Sie weise, was Sie tun und mit wem Sie sich umgeben. Wir sind viel mehr situativ und von unserem Umfeld abhängig in unserem Tun, als wir uns eingestehen wollen. Ihr Umfeld beeinflusst nachhaltig Ihr Verhalten und die Werte, die Sie vertreten und was Sie sonst für bedeutsam und richtig halten.

Wählen Sie die Menschen - die Sie mit Gewissheit beeinflussen werden - mit Bedacht, denn Sie werden wie sie. Das kann uns aufbauen oder runterziehen…

FÜNF
THE SIGNIFICANT OTHER

Ich hoffe für Sie, dass es nicht allzu viele Menschen gibt, auf deren Meinung Sie ernsthaft Wert legen und sich deswegen beunruhigen.[17] Dennoch gibt es für jeden von uns zumindest einen Menschen, der in der Hinsicht mehr kann, vielleicht sogar mehr als er sollte: den Partner.

Und da geht es los, seine Probleme werden zu Ihren, und Ihre werden durch den Partner, wie zuvor schon gesagt zusätzlich befeuert, da Sie sich ihn „passend" zu Ihren Beeinträchtigungen suchen.[18] Ihre Probleme werden sogar zusätzlich dadurch vergrößert. Selbst wenn Sie wirklich alles, was Ihnen Schwierigkeiten bereitet, Ihrem Partner deutlich sagen, werden Sie oft die Feststellung machen werden, dass das nichts ändert oder die Probleme sogar verstärkt. Warum das so ist? Es gibt eine brillante Szene in der Sitcom Big Bang Theory, die genau das erklärt. Dort bittet Penny Sheldon, dass er ihr etwas Persönliches über sich erzählen soll. Er erzählt daraufhin, dass er nicht damit leben kann, dass YouTube sein Bewertungssystem verändert hat, was Penny einfach abtut. Daraufhin er: „Und hier ist noch etwas, das du nicht über mich weißt: du hast mich gerade verletzt. Ich öffne mich und vertraue dir etwas an, was mir zu schaffen macht, und du reagierst, als wäre es eine Nichtigkeit. Es ist schlimm für mich, genau darum geht es."[19]

Ich bin überzeugt, es gibt mehrere Gründe hierfür. Der wichtigste ist: es ist nicht das Problems Ihres Partners, und das heißt, *dass es **ihm** keinen emotionalen Schmerz bereitet.*
Da es nicht sein Problem/ Schmerz ist, ergeben sich für Ihren Partner *keine unmittelbaren negativen Auswirkungen oder Konsequenzen.* Es gibt für den Partner *keine Veranlassung, etwas zu verändern.*

Sie haben aber dadurch eine externe Quelle, die Ihr Problem dauerhaft speist. Bestenfalls funktioniert es umgekehrt genau so, Sie speisen bewusst oder unbewusst die Probleme Ihres Partners - eben weil es nicht die Ihren sind, und Sie diese nicht wirklich begreifen und dadurch nicht angemessen ernstnehmen und entsprechend damit umgehen. Oder Ihre Probleme werden durch seine sogar noch stärker getriggert, was seine wiederum verstärkt, es entsteht ein negativer Kreislauf, der schwer zu durchbrechen ist.

Schlimmstenfalls lautet die Gleichung dann irgendwann, wenn beide Seiten nichts verändern dann entsprechend: Partner = Problem.

Hier spreche ich nicht - wie im vorigen Buch - von toxischen Menschen, sondern von Problemen, die gewissermaßen ein jeder von uns bis zu einem gewissen Grad mit sich schleppt. Wenn diese aber sich aufaddieren und die gegenseitigen Verletzungen nicht heilen können, weil sich immer die gleichen Fehler wiederholen und damit die Frustration und empfundene Hilflosigkeit zunimmt, kommt noch ein größeres Problem dazu. Man hört aus Selbstschutz auf, verletzlich zu sein und sich dem Partner offen zu zeigen, um nicht noch mehr Angriffsfläche zu bieten. Damit hört man aber auch auf, ehrlich mit sich selbst zu sein, und das ist sehr großer Mist, denn dann ist man für sich selbst nicht kongruent und tatsächlich auch nicht mehr in Beziehung mit dem anderen, da er nur noch Stückwerk gezeigt bekommt. Das tut einem selbst am meisten weh, fast mehr als alles andere. *Ich glaube das aufaddierte Verletzungen und die Vermeidung von offener ehrlicher Kommunikation, sowie die durch Verlustängste verstärkte Konfliktscheu langfristig jede ursprünglich gute Beziehung vergiften. In meiner Erfahrung ist dies genau das, was langfristige Beziehungen am meisten bedroht und auf Dauer zersetzt.* Vor allem, weil es eben ohne Verletzlichkeit nicht geht: „Liebe und Zugehörigkeit sind bekanntermaßen ein unverzichtbares Bedürfnis aller, und ohne Verletzlichkeit kann man Liebe und Zugehörigkeit nicht empfinden."[20]

Der einzige Vorteil eines Streits, bei dem man so brüllt, dass dem anderen die Haare wegfliegen, ist: für einen Moment sind einem selbst die Konsequenzen egal, und man ist unter Umständen nach langer Zeit überhaupt ehrlich. Der andere kann kaum übersehen, dass etwas Sie wirklich wirklich wirklich berührt und dass es ein echtes Problem für Sie darstellt. Wichtig ist nur, wenn die Emotionen abgeebbt sind, sich hinzusetzen und dann in Ruhe ehrlich und offen zu unterhalten. Hier passiert dann erst eine Veränderung (wenn überhaupt). Zumindest wissen dann beide, wo sie beim anderen dran sind. Wenn es deutlich wird, dass die Beschränkungen des Partners zu den (hier folge ich Gottmans Wortwahl) „unlösbaren Problemen" gehören, gibt es dennoch gewisse Möglichkeiten.

Vielleicht erkennen Sie in einem ehrlichen Gespräch, dass es eher die Beschränkungen Ihres Partners sind, und kein böser Wille, die Ihnen das Leben schwer machen, und erkennen, dass sein Verhalten mehr über ihn als über Sie aussagt. Vielleicht lernen Sie, das Verhalten anders zu bewerten, und anders emotional damit umzugehen.

Vielleicht lernen Sie auf praktische Weise anders damit umzugehen, oder Sie verändern Ihr Verhalten und Ihre Reaktionen in bestimmten Situationen. Vielleicht können Sie gemeinsam einen Teilkompromiss erarbeiten, mit dem Sie, mit etwas Gutem Willen, beide leben können, auch wenn der immerwährende Konflikt dahinter weiterhin besteht (z.B. beim Thema Ordnung, Umgang mit Geld oder Nähe). Gottman spricht hier von einer Pattsituation: „Wenn Sie in einer Pattsituation festsitzen, erscheint es einfach unmöglich sich vorzustellen, dass Ihre Schwierigkeiten nur eine Art psychologisches Rheumaknie sind, mit dem Sie zu leben lernen können. Aber genau so ist es. Das Ziel, wenn es darum geht, eine Pattsituation zu überwinden, ist nicht, das Problem zu lösen, sondern eher, aus der Zwickmühle ins Gespräch zu kommen, Der unüberwindbare Konflikt wird in Ihrer Ehe immer ein ständiges Thema sein, doch eines Tages werden Sie imstande sein, darüber zu reden, ohne einander zu verletzen . Sie werden lernen, mit dem Problem zu leben.[21] [...] Um das zu tun, müssen Sie in sich gehen und versuchen, das Thema in zwei Kategorien aufzuspalten. *In die eine tun Sie diejenigen Aspekte des Themas, bei denen Sie absolut keine Zugeständnisse machen können, ohne Ihre grundlegenden Bedürfnisse oder zentralen Werte aufzugeben.* In die zweite Kategorie kommen alle Aspekte des Themas, bei denen Sie flexibel sein können, weil sie nicht so „heiß" für Sie sind. Versuchen Sie, die zweite Kategorie so groß wie möglich zu halten, hingegen die erste so klein wie möglich." [22]

Damit leben lässt sich aber nur, wenn Ihr Problem mit dem Partner nicht permanent an der ersten Kategorie rührt, und Ihre Grenzen und Werte überschreitet. Das müssen Sie dem Partner klar anzeigen, und einerseits sich selbst schützen, andererseits von ihm eine Veränderung fordern. Wenn Sie hier nachgeben, werden Sie sonst Ihren Partner und vor allem sich selbst dafür hassen, sie verraten zu haben. Ein Beispiel aus Gottmans Buch zum Thema Loyalität in der Ehe (hier geht es um einen Konflikt mit den Schwiegereltern, vorrangig die Mutter, es ist aber auf beliebigen Personenkreis übertragbar):

„Der einzige Weg aus diesem Dilemma ist für den Ehemann, seine Frau gegen seine Mutter zu unterstützen. Das klingt vielleicht hart, doch darf man nicht vergessen, dass es eine der grundlegendsten Aufgaben der Ehe ist, ein Gefühl des „Wir" zwischen Mann und Frau zu schaffen. Also muss der Mann seine Mutter wissen lassen, dass seine Frau in der Tat an erster Stelle steht, [dass] sie für ihn vor allem anderen kommt. Für eine Ehe ist es absolut entscheidend, dass der Ehemann in dieser Sache eine klare Haltung einnimmt."[23]

Wie es wohl schon deutlich geworden ist, wird Ihr Partner nicht wirklich schnell einsehen, oder auch einsehen wollen, dass seine Defizite zwingend eine Veränderung erfordern. Das braucht manchmal sehr viel Zeit und eine gewisse Einsicht, was durch seine mangelnde Einsicht und teilweise Unvermögen, auch eigene Grenzen zu schützen und Prioritäten zu setzen, so krachen geht. In Gottmans Beispiel heißt es: „ In dem Versuch, seine Eltern zu beeindrucken, opferte Noel das Zusammengehörigkeitsgefühl mit Evelyn, indem er schlecht über sie redete. Als Noel erst einmal begriffen hatte, dass sein Wunsch nach Anerkennung durch seine Eltern sich gegen Evelyn und ihre Ehe richtete, war er imstande, sich zu verändern." [24]

Bis es soweit ist, versuchen Sie es dahingehend nicht als Aussage über sie selbst, sondern über die Schwächen und Defizite Ihres Partners zu sehen. Arbeiten Sie an Ihren Schwächen und Defiziten. Aber arbeiten Sie: „Viele Menschen sagen, dass eine gute Ehe „erarbeitet" werden muss, doch leider ist das oft ein Lippenbekenntnis. Und was ist damit genau gemeint? Jede Ehe muss sich bestimmten emotionalen Aufgaben stellen, die Mann und Frau gemeinsam erfüllen müssen, damit die Ehe wachsen und sich vertiefen kann. Diese Aufgaben verlangen ein großes Verständnis, damit sich beide darin sicher fühlen. Wenn diese Aufgaben nicht erfüllt werden, dann ist die Ehe nicht ein Hafen im Sturm des Lebens, sondern einfach ein weiterer Sturm."[25]

SECHS
EMOTIONEN

In unserer bisherigen zwei Möglichkeiten ist der Hauptunterschied, dass im guten Fall man selbst ein planvoller, von Werten gesteuerter Gestalter und im schlechten gewissermaßen ein von den Umständen getriebener Erdulder seines Lebens ist.

Wie wir gesehen haben, gibt es auch in der wichtigsten Beziehung diese Zweiteilung, zwischen einer von (Selbst-)Sicherheit und kooperativer Offenheit geprägter Haltung und einem von negativen Erfahrungen, Ängstlichkeit und Schmerz geprägtem Reagieren auf äußere Einflüsse. Was verursacht diese? Im vorigen Kapitel ist das Stichwort schon gefallen: Bedürfnisse. Genauer genommen die Erfüllung, oder eben die tiefe Frustration und Vernachlässigung ebendieser. Schon Maslow hat gezeigt, dass wir als Menschen sogenannte Defizitbedürfnisse haben, d.h. wo ein Mangel beseitigt werden muss (Essen, Schlaf, Sicherheit, Wohnen, Einkommen, soziale Bedürfnisse), bis wir überhaupt zu den höheren Ebenen der Wachstumsbedürfnisse (Anerkennung, Geltung, Selbstverwirklichung – kurz: persönlicher Entfaltung) vordringen können. Klaus Grawe hat vier psychische Grundbedürfnisse formuliert, die „bei allen Menschen vorhanden sind und deren Verletzung oder dauerhafte Nichtbefriedigung zu Schädigungen der psychischen Gesundheit und des Wohlbefindens führen."[26] Dazu zählt er das Bedürfnis nach Bindung (Verbundenheit), wo es darum geht, im innigen bedeutungsvollen Kontakt mit anderen zu sein. Das Bedürfnis nach

Orientierung und Kontrolle - also nach einer sicheren und einigermaßen verlässlichen vorhersagbaren Umwelt, die eigene Einflussnahme und Gestaltungsspielraum zulässt: sowie im Inneren das Gefühl, sich auf sich selbst verlassen zu können. Ferner das Bedürfnis nach Selbstwerterhöhung bzw. Selbstwertschutz: dieses beschreibt das Verlangen, sich selbst als kompetent, wertvoll und von anderen geschätzt wahrzunehmen. Zu guter Letzt das Bedürfnis nach Lustgewinn und Unlustvermeidung: das Bestreben, angenehme, erfreuliche, lustvolle Erfahrungen und Zustände zu erleben und unangenehme und schmerzhafte nach Möglichkeit zu vermeiden.

Um sich glücklich zu fühlen, und psychisch gesund zu sein, muss jedes Bedürfnis ausreichend befriedigt sein. Ist dies nicht der Fall, so nehmen wir das in Form innerer Unruhe, Nervosität, negativen körperlichen Empfindungen oder in Form von Gefühlen wie Unlust, Überforderung, Trauer und Angst aber auch Wut wahr. Die Erfüllung unserer Bedürfnisse geht mit platt gesagt positiven Gefühlen und dem Gefühl der Selbstwirksamkeit (also Proaktivität) einher, wobei eben die Nichterfüllung mit negativen Gefühlszuständen und mit reaktiven Verhaltensmustern verbunden ist.

Die Zweiteilung proaktiv und reaktiv findet sich also auch in unserer Gefühlswelt wieder und sie greift bis zur neuronaler Ebene durch (hier übernehme ich fortan die Begrifflichkeiten von Rick Hanson „anpassungsfähig" (engl. „responsive") und „reaktiv" (engl. „reactive"). Hanson rekurriert wie Grawe auf die Bedürfnisbefriedigung - in seiner Aufstellung ist es die Erfüllung dreier Grundbedürfnisse: Sicherheit, Zufriedenheit und Zugehörigkeit. Er ordnet diese drei Hirnstrukturen zu: dem Hirnstamm, dem limbischen System und dem Cortex. Der rote Faden sind auch bei Hanson die Bedürfnisse und ihre Erfüllung oder Nichterfüllung. Er sagt: „In der Medizin und der Psychologie herrscht die verbreitete Annahme, dass unser Fühlen und Handeln - sowohl was den gesamten Lebenslauf als auch bestimmte Beziehungen betrifft - durch drei Faktoren bedingt werden: durch die *Herausforderungen*, mit denen wir konfrontiert werden, durch unsere *Verwundbarkeit* gegenüber diesen Herausforderungen und durch unsere Stärke, den

Herausforderungen zu begegnen und unsere Verwundbarkeit zu schützen."[27] Hansons sagt: „Das Gehirn ist ein lernendes Organ [...] Alles was wir wiederholt in uns aufnehmen, was wir spüren, fühlen, wollen und denken, verändert langsam, aber sicher die neuronalen Strukturen unseres Gehirns."[28] Also Vorsicht: shit in – shit out. Es gibt aber ein noch größeres Problem: „Wenige Erfahrungen vergeblichen Bemühens reichen aus, um ein Gefühl der Hilflosigkeit zu erzeugen - eine der wichtigsten Ursachen für Depression -, und es erfordert eine Vielzahl gegenläufiger Erfahrungen, um das Bewusstsein der eigenen Leistungsfähigkeit und Zulänglichkeit wiederherzustellen. Auf die eine oder andere Weise werden negative Befindlichkeiten rasch zu negativen neuronalen Merkmalen."[29] Dies ist so, weil schlechte Erfahrungen alles Positive in den Schatten stellen, was zusätzlich durch ein evolutionär eingebautes Überlebensprogramm befeuert wird. In der Entwicklung der Lebewesen, war es existentiell notwendig, jeden Säbelzahltiger zu bemerken, denn es drohte der Tod. „Konsequenterweise hat das Gehirn eine eingebaute negative Verzerrung [negativity bias] entwickelt. Diese Verzerrung trat zunächst in existentiellen Situationen auf, die uns heute weitgehend fremd sind."[30]

Es funktioniert so: „Zunächst einmal hält das Gehirn ständig Ausschau nach potentiellen Gefahren oder Verlusten. Im Zuge der Evolution hatte die Tiere, die reizbar, nervös und misstrauisch waren, größere Chancen, ihre Gene weiterzugeben, als eher träge Artgenossen, was inzwischen in die feste Struktur unserer DNA eingewoben. Selbst wenn wir uns fröhlich und entspannt fühlen, sucht unser Gehirn stets nach möglichen Gefahren, Enttäuschungen und zwischenmenschlichen Problemen."[31] „Es gibt sogar bestimmte Regionen in der Amygdala, die verhindern, dass wir unsere Ängste loswerden, was vor allem in Bezug auf Kindheitserlebnisse gilt"[32] – hier lohnt es sich besonders, diese sehr kritisch zu prüfen. Generell gilt, dass wir das Negative schneller, leichter und stärker aufnehmen, und dass negative Erlebnisse im Gehirn sehr schnell eine neuronale Spur dieser Erfahrungen anlegen (um uns davor zu schützen). „Negative Momente entwerten die positiven in stärkerem Maße, als die positiven die negativen veredeln können.[33] [...] in zwischenmenschlichen Beziehungen ist Vertrauen schnell verspielt, aber schwer wieder herzustellen.[34] In lang anhaltenden engen Beziehungen bedarf es mindestens fünf positiver Interaktionen, um jede negative auszugleichen. Menschen fühlen sich dann wohl, wenn die positiven Momente die negativen mindestens im Verhältnis drei zu eins – möglichst noch höher – überwiegen."[35] Soweit so gut, aber das Negative wiegt schwerer (es wird im 3:1 Modell bei Fredrickson auch unterschiedlich gewichtet) und Hanson sagt selbst: „ Im Laufe der Zeit wird die Amygdala immer empfänglicher für negative Botschaften. […] Wer sich also heute gestresst, angespannt, einsam oder verletzt fühlt, der ist morgen umso empfänglicher dafür, sich gestresst, angespannt etc. zu fühlen, vom übernächsten Tag ganz zu schweigen. Das Negative potenziert sich und setzt einen wahren Teufelskreis in Gang."[36]

Wie stark sich das auswirkt ist auch bedingt durch Ihre Veranlagung, Kindheiterlebnisse, etwaige Traumata und natürlich auch durch die aktuellen Lebensumstände, denn all das triggert je nachdem, was Sie erleben die Angst, die letztlich hinter allen negativen Emotionen steht. De Mello sagte mal so schön: „es gibt nur Liebe und Furcht" – Recht hat er. In der menschlichen Entwicklung war auch die Zugehörigkeit zum Stamm von existenzieller Bedeutung, denn haben Sie auf Ihren Stamm verzichtet, verzichtete die Evolution sehr schnell auf Sie. Kooperation mit anderen, deren Anerkennung und Zugehörigkeit zu einer Gruppe waren entscheidend fürs Überleben, und noch heute tun Menschen die sonderbarsten Dinge, um zu einer Gruppe zu passen, die sie nicht einmal kennen – ich denke hier an das Konformitätsexperiment von Solomon Asch. Ich denke, genau das (dass wir seinerzeit existenziell abhängig von der Akzeptanz und Anerkennung und Zugehörigkeit zu anderen waren) ist die Ursache für Verlustangst, die umso stärker ist, je bedeutender die Beziehung für uns ist. Manche könnten „ohne den anderen nicht leben" – was so natürlich absoluter Blödsinn ist, sich aber dennoch für den Betroffenen so anfühlt.

Dies führt uns über das Bedürfnis nach Zugehörigkeit letztlich wieder zum Bedürfnis nach Sicherheit, und zu einem weiteren großen Problem, welches vor allem in Paarbeziehungen (aber auch anderen engen und bedeutenden) zu Tage tritt, und letztlich diese schädigt. Milosz Brzezinski sagte in einem Podcast so schön: „Niemand erträgt von uns so viel, wie unser Partner. Wir wären vor langer Zeit von der Arbeit entlassen worden, wenn die dort das zu hören bekämen, was wir dem Partner sagen."[37] Es erklärt sich dadurch, dass sonst niemand sich so viel gefallen lässt. Und wieso das?

Hier gibt es eine sehr einfache Quintessenz: In Beziehungen werden wir emotional abhängig, je enger diese Beziehung wird und je bedeutsamer sie für uns ist. Wenn Sie sich am Ausdruck emotionale Abhängigkeit stören, dann nennen wir es so: Sie haben dem Gegenüber Zugriff auf Ihre Emotionen und Ihre Verletzlichkeit eingeräumt, in einem Maße, den andere Personen nicht haben. Sie lieben diesen Menschen und wollen zurückgeliebt werden, sie wollen mit ihm und nicht ohne ihn Ihr Leben leben, die Person ist Ihnen nicht gleichgültig, ganz im Gegenteil, das ist für Sie der wichtigste Mensch auf diesem Planeten. (Erinnern wir uns an das Evolutionsschema, dass Sie ohne andere nicht überleben werden und aus diesem Grund müssen Sie von diesen unbedingt akzeptiert und gemocht werden – das springt an - und damit ist diese existenzielle Angst geweckt). Diese führt zur Angst vor Verlust dieser Beziehung und zur Aufweichung Ihrer eigenen Grenzen. Gerade zu Beginn will man ja dass es nett ist, verzeiht viel aus dem Vertrauensvorschuss, der noch da ist, und will nicht als der Spielverderber dastehen. Dann sagt man was, und der andere nimmt es nicht wirklich auf (siehe voriges Kapitel) und dann kommt die menschliche Natur durch, die testet, wie weit man eigentlich noch gehen kann (wie kleine Kinder manchmal die Grenzen ihrer Eltern testen) und da zeigt sich: umso weiter, je größer die Verlustangst des anderen ist, und je eher er dadurch bereit ist, seine Grenzen über Gebühr zu ignorieren. Das Problem mit Grenzen ist: „Denken Sie daran, dass eine Grenze sich immer auf Sie selbst bezieht und nicht auf den anderen. Sie fordern nicht, dass Ihr Partner etwas tun soll- noch nicht einmal, Ihre Grenzen respektieren, [Und jetzt kommt's:] Sie setzen Grenzen, um zu zeigen, was SIE tun oder lassen werden. Nur diese Art Grenze ist durchsetzbar, denn allein über Sie selbst haben Sie die Kontrolle. Sie […] erlauben [Ihrem Partner] mit Ihrem Verhalten, die Verantwortung für sein eigenes Verhalten zu übernehmen."[38] Es ist seine Wahl, aber Ihre Entscheidung. Aber wenn ich Angst habe, meine Grenzen durchzusetzen, ist es eine Falle ... Und dies führt mit der Zeit zu einem Mangel an Respekt für den Partner in der Beziehung (hier ist die Antwort, warum wir unsere Liebsten so schlecht wie niemanden sonst behandeln – zum einen weil sie aus Angst und "Liebe" am meisten vergeben, und weil man sie aus Gewohnheit für selbstverständlich hält). Das langsam anwachsende Unvermögen, die eigenen Grenzen zu kommunizieren, zu schützen und durchzusetzen führt dann zu negativen Gefühlen und einem Gefühl der Hilflosigkeit und schlimmstenfalls schließlich zum Hass auf den Partner, der sich so viel erlaubt, und noch schlimmer, zu Selbsthass dass wir es jemandem erlauben, so mit uns umzugehen ...

Es ist also Verlustangst vs. eigene Grenzen respektieren (das Bedürfnis nach Selbstverwirklichung tritt übrigens erst nach den grundlegenden Bedürfnissen auf, vielleicht beginnt es deshalb erst so spät zu stören, dass jemand unsere Grenzen nicht achtet und wir ordnen sie anfangs zu bereitwillig unter; Malgorzata Marczewska sagt sogar, dass das stärkste Bedürfnis des Menschen nun mal das nach Nähe ist, für das wir sogar die primären Bedürfnisse unterordnen, und dies weil es die Erhaltung der Art garantiert) ... Und natürlich, wenn man erst lange Jahre verheiratet ist, drei Kinder und zwei Katzen hat, und dazu noch ein Haus mit Kredit, dann stellt sich die Frage: „soll ich deswegen ein Fass aufmachen, oder alles hinschmeißen, weil der Partner keine Veranlassung sieht, sein Verhalten zu verändern, und immer wieder meine Grenzen überschreitet? Vielleicht ändert es sich noch?" Nun Gegenfrage: „Wieso glauben/hoffen/erwarten wir, dass etwas besser wird, wenn wir erlauben, dass es schlecht ist?" Mir scheint, viele Paare meinen, dass eine gewisse Dosis gegenseitiger Demütigung zur Beziehung dazugehört, und dass der andere es irgendwie um der Beziehung willen auf sich nehmen müsse, dass der Partner seine „Ausfälle" hat. Aber nein, das ist falsch. Wenn das Verhalten Ihres Partners destruktiv ist (z.B. der Partner stürzt sie in Schulden, feiert Saufgelage oder nimmt Drogen usw. usf.) oder ist demütigend oder verletzt Ihre moralischen Werte, dann sind das Grenzen, die geschützt werden müssen, denn diese Grenzen sind wesentlich für die Integrität der Person. In dem Falle Ihrer, es wird Sie von innen aushöhlen und zerstören, wenn Sie diese dauerhaft missachten. Hier ist Ihr Wohlergehen wichtiger als jede Beziehung, auch wenn diese Idee Ihnen vielleicht Angst macht, denn diese Beziehung steht in dem Falle zumindest an der Grenze zur Toxizität. Wenn Ihr Partner Ihren Grundbedürfnissen und Ihren Werten an zwei Fingern vorhersagbar abzählbar regelmäßig ein „Training" angedeihen lässt, welches diese erschüttert, dann werden Sie den proaktiven Modus nur noch aus diesem Buch kennen. Durch Dauerstress (da Sie sich im Alarmzustand befinden und Ihr Gehirn Dank schlechter Erfahrung und negativity bias das nächste „Ereignis" antizipiert) ist man reaktiv, und es ist sehr schwer, unter permanenter Belastung da rauszukommen. Es steckt immer ein Stachel im Fleisch, der Schmerzwellen aussendet, und es kommen in dem Falle ja auch immer neue Bestätigungen noch dazu, es entsteht ein wahrer Teufelskreis, aus dem wirklich sehr schlecht auszusteigen ist. Denn um die Beruhigung des im Alarmzustand befindlichen Sicherheitsbedürfnisses und vor allem um das Vertrauen in den Partner wiederherzustellen, wird es selbst bei einmaliger Verfehlung eine Weile dauern, und vor allem sollte das Gegenüber es „um jeden Preis verhindern, denselben Fehler noch einmal zu begehen."[39] Wenn sich ein Verhaltensmuster allerdings vorhersagbar wiederholt, kommt irgendwann unweigerlich der Punkt, an dem es wichtig ist, sich zu fragen: „Warum nehme ich das auf mich? Welchen Werten soll es dienen?" und die Antwort ist: „Keinen. Sie bringen gerade sich und Ihrem Partner bei, pathologischen Schmerz in Ihrer Beziehung auszuleben." Er ändert nichts an seinen Schwächen, und Sie stellen sich nicht Ihrer Verlustangst und hoffen auf „Verbesserung" durch Nichtstun, was auch an zwei Fingern abzählbar, schlicht zur Verschlimmerung führt. Wie ich schon zuvor ausgeführt habe, sind unserer Skripts von „Liebe" sehr kindisch und unreif, denn genau aus dieser Zeit stammen sie auch, und meist waren unsere „Vorbilder" gar nicht gut. Dazu kommt noch die, für unsere heutige Zeit „evolutionär-existenzielle Fehlprogrammierung", die ich hier beschrieben habe, und schon erklärt sich, warum Menschen so oft in einer Beziehung mit der Zeit nicht mehr sie selbst sind, und keine rationalen Entscheidungen treffen, weil überbordende, nicht mehr durch den Verstand gelenkte Emotionen die Kontrolle übernehmen. Verstehen Sie mich nicht falsch:

Emotionen sind sehr wertvoll, um anzuzeigen, dass etwas nicht stimmt (oder gerade in Ordnung ist). Aber sie bringen keine gute Lösung, sie wollen, dass etwas sofort aufhört – um jeden Preis. Dadurch entsteht u.a. der „Pathologische Schmerz", den ich zuvor ins Spiel gebracht habe: damit meine ich, ein Schmerz und Belastungen, die objektiv kein Bestandteil des Lebens sein müssten, weil Sie „bewusst, oder aus bewusster Nachlässigkeit verletzt [werden oder verletzen]"[40], oder wenn Sie jemand demütigt oder sich beschämend verhält. Der Schmerz entsteht wenn Sie sich weigern, die Verantwortung für Ihr Handeln zu übernehmen, oder dies von Ihrem Partner zu fordern, und sich eben aus Verlustangst verbiegen … Im Gegensatz dazu steht der echte Schmerz, denn das Leben mit sich bringt: Menschen die Sie lieben sterben oder scheiden aus Ihrem Leben, Ihr Kind oder der Partner oder Sie werden schwer krank, Sie verlieren Ihre Arbeit, werden Opfer eines Verbrechens /Unfalls, leben in einem Kriegsgebiet, oder erleben eine Naturkatastrophe – ich denke der Unterschied ist klar. Den ersten Schmerz sollten Sie keine Minute in Ihrem Leben dulden, mit dem anderen sollten Sie lernen so gut wie möglich zu leben, und auch dort nach Ansätzen suchen, wie Ihr Leben dennoch möglichst erfüllt und wieder glücklich werden kann. Überraschenderweise ist mein Eindruck, dass wir Menschen mit echten Schicksalsschlägen nach einer Phase der Verarbeitung viel besser umgehen können, während pathologischer Schmerz einfach nur destruktiv ist (wahrscheinlich, weil er kein Ende nimmt, und wir in uns seine Sinnlosigkeit spüren, die das Gefühl der Hilflosigkeit zudem verstärkt), es ist wie ein Sumpf, der einen aufsaugt und runterzieht. Ich denke dass liegt mit daran, dass wir hier den Einfluss auf die andere Person übertragen, und selbst nur noch emotional auf ihr treiben reagieren. Pathologischer Schmerz, so wie ich ihn verstehe befördert Menschen in den reaktiven Modus. Er bringt sie dazu, mittelbar Einfluss auch anderen (für den Partner) „wichtigen" Personen über sich zu geben, die um die für Sie wichtigen Menschen oszillieren, was letztlich zum Gefühl des den anderen Ausgeliefertseins führt. Die bittere Wahrheit ist: dass es so ist, das machen Sie selbst. Sie geben diesem Menschen diese übergeordnete Bedeutung, und ordnen dem alles unter, auch den gesunden

Menschenverstand und im Zweifel die Selbstachtung. Und je länger das so andauert, so stellt sich heraus, dass der Spruch von Facebook stimmt: dass der Preis zu hoch ist, wenn etwas den Seelenfrieden kostet. Wir lassen das zu weil wir unreif, (evolutionär existentiell) abhängig und kindisch „lieben", und im Namen dieser „Liebe" alles hinnehmen. Haben Sie mal selbst die Erfahrung gemacht, als Sie sich entschlossen, dann doch auf so einen Partner zu verzichten, wie alles, was einst sooo enorm wichtig war, und die Person(en) um die Sie in etwaigen Konflikten kreisten, plötzlich völlig bedeutungslos gewesen sind, genau wie die vermeintlich entscheidenden Konflikte? Dass Sie sogar angefangen haben, die Namen der (mittelbar) Betroffenen zu vergessen, die Ihnen vorher den Schlaf raubten? Zu vergessen, um was es eigentlich ging? Dass es Ihnen einfach gleichgültig wurde? Ich wünsche es Ihnen von Herzen, es ist sehr heilsam und der Beweis, dass das alles eine Frage der von *Ihnen* zugemessenen Bedeutung ist.

Gottman sagt in „7 Geheimnisse einer glücklichen Ehe", dass der Partner vor allen anderen (also Mutti, Vati, den eigenen Kindern, Freunden und wer sich da sonst alles tummelt) kommt. Da Sie sich Ihrem Partner gegenüber öffnen und Nähe zulassen, und sich damit verletzlich machen, hat ihr Partner ganz eindeutig Einfluss auf Ihre Gefühle und Ihr Wohlbefinden. Er hat damit aber auch eine große Verantwortung. Es gibt elementare Grenzen – Achtung (Respekt), Loyalität und Moral - die nicht überschritten werden dürfen, weil wir uns sonst schädigen. In einer reifen (proaktiven wenn Sie so wollen) Liebe, weiß man um die gegenseitige Verantwortung und will gemeinsam mit dem Partner und für sich wachsen, sich weiterentwickeln und die beste Version seiner selbst werden. Reife Liebe stellt Forderungen und hat ein Ziel, das über bloßen „Erhalt" der Beziehung hinausgeht, bei dem es darum geht, etwas über die Beteiligten Hinausgehendes und Gutes zu erschaffen. Hier ist kein Platz für eine solche krüppelhafte Karikatur einer „Beziehung" wie ich sie zuvor beschrieben habe. Hier geschieht etwas Wunderbares. Johannes Paul II sagte am Klarenberg: „Verlangt es von Euch selbst, auch wenn die anderen es nicht tun." Ich möchte ergänzen: „Verlangt es auch von eurem Partner."

Ich habe das so ausführlich beschrieben, weil Sie die Nichtbeachtung Ihrer Grenzen Sie an Ihre Grenzen bringen wird. Grenzen sind elementar für die eigene Integrität. Ihre Nichtbeachtung wird Sie in den reaktiven Modus katapultieren. Das geht ganz schnell. „Es reicht, dass wir besorgt oder verärgert sind, uns ruhelos fühlen oder Kritik ausgesetzt sind. Dies bringt unseren Ruhezustand aus dem Gleichgewicht und triggert den reaktiven „roten" Modus des Gehirns. [...] Die neuronalen Schaltkreise unserer Vorfahren, die ursprünglich das nackte Überleben sichern sollten, melden sich heute zu Wort, wenn wir Geldsorgen haben, uns beruflich unter Druck fühlen oder von einem anderen Menschen die kalte Schulter gezeigt gekommen. Der reaktive Modus ist für dringende Erfordernisse zuständig, er kümmert sich also nicht um unsere langfristigen Bedürfnisse.[41] Wir erinnern uns, Emotionen wollen, dass es sofort erledigt ist, und nicht zwingend gut. „Gleichzeitig sorgt die negative Verzerrung dafür, dass unsere Erinnerungssysteme, vor allem das implizite, diese Erfahrungen neuronal verankern. Der reaktive Modus ist das neuronale Fundament aller Sehnsüchte (womit ich ein grundlegendes Gefühl des Mangels oder der Unruhe meine) sowie von Kummer und Leid, die er bei uns hervorruft. [...] Ein rotes Licht, seit uralter Zeit in Funktion, gibt uns zu verstehen: Irgendwas ist nicht in Ordnung! Pass auf! [...] Und aufgrund unserer einzigartigen Fähigkeit, Bewusstseinszustände unabhängig von äußeren Faktoren zu bewahren, halten verinnerlichte psychologische Vorgänge unseren Stress am Leben, auch wenn die Herausforderungen längst vorbei sind. Daraus resultiert, dass der reaktive Modus [...] für viele Menschen zum Normalzustand geworden ist – [durch Alltagsstress, Konsum und schlechte Nachrichten, wie Hanson es in seinem Beispiel skizziert]. Dies muss kein Gefühl sein, das uns furchtbar zusetzt [aber stellen Sie sich vor, das kommt noch dazu]. [42]

Der Preis für den reaktiven Modus ist sehr hoch: „Der rote Bereich verschafft uns ein schlechtes Gefühl, verschiebt die Perspektive zum Negativen und erschwert das Lernen. Er raubt uns Ressourcen, die unserem Wohlergehen und persönlichem Wachstum gedient hätten. Er macht uns niedergeschlagen und kleinmütig, lässt uns zu ungesunden Mitteln der „Selbstheilung" greifen, als da wären: Fresssucht, Alkohol, und Drogen, Videospiele und Pornographie. Unterdessen hindern die Stressreaktionen unseren Körper daran, langfristige Aufbau- und Reparaturmaßnahmen durchzuführen. Der rote Bereich fühlt sich schlecht an, weil er schlecht ist. Seine Unannehmlichkeit ist eine unmissverständliche Aufforderung, diesen Bereich zu verlassen und in Zukunft zu meiden.

Wir sollten den wachsenden Einfluss reaktiver Erfahrungen nicht unterschätzen. Über einen längeren Zeitraum hinweg können Depressionen oder andere psychische Erkrankungen die Folge sein."[43]

Nietsche sagte so schön: „Was mich nicht umbringt, macht mich stärker." – keine Ahnung, manchmal können wir gestärkt aus Krisen hervorgehen. Aber es kann einen aber auch so richtig übel zurichten. Deswegen ist es unabdingbar auf und sich selbst zu achten, und auf die Qualität Ihrer Beziehung, sonst haben Sie 24/7 ein Problem.

SIEBEN
SICH SELBST ACHTEN

Die „Deutsche Gesellschaft für Emotionale Kompetenz e.V." (was es nicht alles gibt) schreibt auf ihrer Homepage: „Emotionen sind die Essenz des Lebens. Ihre Grundelemente sind Wahrnehmung, Bewertung, Motivation und Gefühl. Sie sind rational in einem normativen Sinn: Sie sind unter gegebenen Umständen eine angemessene Reaktion."[44] In der Regel ist das Objekt der Emotionen der Mensch – wir selbst oder andere Menschen. [...] Die Gefühle geben Auskunft über unsere Beziehung zu anderen und uns selbst. Somit sind Emotionen sozialer Natur. Emotionale Kompetenz ist die Fähigkeit zu einem schützenden Umgang mit uns selbst und zu gelingenden Beziehungen mit anderen – in privatem Miteinander ebenso wie in Kollegen-, Vorgesetzen- oder Kundenkontakten.[45]

Wir kommen nicht mit emotionaler Kompetenz und der Fähigkeit zur emotionalen Selbstregulierung zur Welt. Diese umfassen die Fähigkeit, Gefühle zu erkennen, zu verbalisieren, Verständnis für ihre Entstehung zu haben, sie regulieren zu können, sich in andere emotional und gedanklich hineinzuversetzen und Mitgefühl empfinden zu können. Hier braucht es guter kompetenter Vorbilder und entsprechender Anleitung, und hier sind wir nur so gut wie es unsere nächsten Bezugspersonen waren, und es gilt, was Fritzchen nicht lernt, weiß Fritz umso weniger... Wenn Ihre „Vorbilder" selbst emotionale Analphabeten waren, und schlechte Bewältigungsstrategien hatten, oder gar Ihre schwierigen Emotionen von ihnen schlecht ertragen und dadurch abgestraft wurden, so haben Sie große Defizite und wahrscheinlich auch Schwierigkeiten, Ihre Emotionen bewusst wahrzunehmen, benennen zu können und ohne falsche Scham angemessen auszuleben, ohne dabei destruktiv zu sein. Wenn wir aber selten (aufgrund fehlender Kompetenz) unsere Gefühle bewusst steuern, so werden wir, besonders wenn es schlecht läuft, von ihnen gesteuert werden. Sie gehen mit uns durch, und dann ist es wie in Platons Analogie vom Wagenlenker des Streitwagens „aus" für unseren Verstand. Er hält die Pferde (Begierden, Emotionen) normalerweise im Zaum, aber wenn sie durchgehen, dann ist rum. Emotionen sind auch falsche Ratgeber, sie wollen, wie schon gesagt, dass ein Zustand sofort aufhört. Wenn wir nur wollen, was sich erst mal angenehm anfühlt und den Druck von uns nimmt, dann sind Tür und Tor für z.B. Suchtverhalten offen, was langfristig einen erheblichen Schaden verursacht. Es gibt dann auch keine reife Basis für Entscheidungen.

Stephen Covey schreibt: „Wenn wir in unserem persönlichen Leben nicht unsere eigene Selbst-Bewusstheit entwickeln und Verantwortung [...] übernehmen, geben wir durch diese Unterlassung anderen Menschen und Umständen außerhalb unseres Einflussbereiches die Macht, große Teile unseres Lebens zu formen. Wir leben reaktiv die Skripte aus, die uns Familie, Kollegen, fremde Terminkalender, der

Druck der Umstände vorgeben- Skripten aus unseren früheren Jahren, aus unserer Ausbildung, aus unseren Konditionierungen. *Diese Skripten sind von Menschen gemacht, nicht von Prinzipien geprägt.* Und sie entstehen aus unseren tiefen Verletzbarkeiten, unserer starken Abhängigkeit von anderen und unserem Bedürfnis nach Annahme und Liebe, nach Zugehörigkeit und Bedeutung und dem Gefühl wichtig zu sein."[46] Covey sagt: „Was auch immer im Zentrum unseres Lebens ist, es wir die Quelle unserer Sicherheit, Orientierung, Weisheit und Kraft sein."[47] Doch von außen oder als Reaktion auf etwas entstandene „Zentren" (man kann z.B. u.a. familien-, geld-, oder feindzentriert sein) bringen große Beschränkungen mit sich, und erlauben die Einflussnahme, die zuvor im Zitat von Covey skizziert wurde. Er sagt: „ Menschen können nicht mit Wandel leben, wenn es in ihrem Inneren keinen unwandelbaren kern gibt. Der Schlüssel zur Wandlungsfähigkeit liegt in einem unwandelbaren Gefühl dafür, wer wir sind, warum es uns gibt und was wir schätzen."[48]

Wir brauchen ein Glaubensbekenntnis, eine klare Aussage, wer wir sind, was wir anstreben und auf welchen Werten unser Sein und Handeln beruht. Wir brauchen Prinzipien:

„Unsere Sicherheit entstammt dem Wissen, dass korrekte Prinzipien, im Gegensatz zu Zentren, die auf Menschen oder Dingen beruhen und häufigen Veränderungen unterworfen sind, beständig sind. Wir können uns auf sie verlassen. Prinzipien reagieren auf gar nichts. Sie werden nicht wütend und behandeln uns nicht anders, Sie lassen sich nicht scheiden und brennen auch nicht mit unserer besten Freundin durch. Sie sind nicht hinter uns her. Sie können uns den Weg nicht mit Abkürzungen und Patentlösungen pflastern. Sie hängen nicht vom Verhalten anderer, der Umgebung oder ihrer modischen Gültigkeit ab. Prinzipien sterben nicht. […] Selbst inmitten von Menschen oder Umständen, die diese Prinzipien zu ignorieren scheinen, können wir in dem Wissen aufgehoben sein, dass Prinzipien größer sind als Leute oder Umstände und dass sie in Tausenden von Jahren immer und immer wieder gesiegt haben. Noch wichtiger ist, dass wir sicher wissen, dass wir sie in unserem eigenen Leben, in unseren eigenen Erfahrungen bestätigen können. […] Prinzipien gehen immer mit natürlichen Konsequenzen einher. Wenn wir in Harmonie mit den

Prinzipien leben, hat das positive Konsequenzen. Wenn wir sie ignorieren, negative. Aber da diese Prinzipien für jeden gelten, sei er sich dessen bewusst oder nicht, ist die Begrenzung universell. [...] Wen wir unser Leben um zeitlose, unveränderliche Prinzipien zentrieren, schaffen wir ein fundamentales Paradigma des effektiven Lebens. Dies ist das Zentrum, das *alles* andere in Perspektive setzt."[49] Sie schaffen Sinn und Bedeutung und Integrität in unserem Leben, wenn wir sie um anderer Menschen oder der Umstände Willen, nicht verraten – und das hat mit Selbstachtung zu tun.

Ajahn Brahm sagte in einer seiner Freitagsansprachen, dass das größte Hindernis zum Glücklichsein unsere Emotionen sind, wenn Sie uns überwältigen, und wir ihnen nicht zu begegnen wissen. Dass sie uns dann im Wachstum hemmen, und wir deswegen zuerst die negativen, schwierigen Emotionen angehen sollten, denn sie verstellen den Weg zum [Seelen]-Frieden, und wie wir von Hanson gelernt haben, wiegen sie weit schwerer... Wie macht man das?[50]

Covey rät, eine eigene persönliche Lebensaussage (Konstitution) zu verfassen. Klare Regeln die immer gelten, ganz gleich mit wem oder was man es zu tun hat. Hier ein Beispiel aus der Beziehungsanbahnung, und wenn dem Leser ein buddhistischer Mönch und Unternehmensberater zu abgehoben als Ratgeber sind, nun gut, dann schöpfen wir aus einem anderen Fass: „Mannual" von Steve Santagati. Dort lesen wir (er hat eine nette Schreibe, also zitiere ich etwas ausführlicher ;) : „Ich weiß, wie es ist, einen wunderbaren Menschen zu treffen, wenn man eine Reihe Blindgänger hinter sich hat. Man will ihn oder sie nicht verlieren und ist deshalb übervorsichtig. Man konzentriert sich voll und ganz darauf, den Frieden nicht zu stören. Ganz schlechte Idee. Du musst dich zwar nicht gleich aufführen wie der Elefant im Porzellanladen, du solltest ihm allerdings langsam, aber sicher zeigen, welche Punkte in der Beziehung für dich nicht verhandelbar sind. Du darfst keine Angst davor haben, ihn zu verlieren, wenn du ihn deinen langen Arm des Gesetzes spüren lässt. Jede Frau sollte ihre ganz persönlichen Grundregeln haben, die sie auf der Suche nach Liebe niemals außer Kraft setzt. Es steht schon in der Bibel [...]: „Was hülfe es dem

Menschen, wenn er die ganze Welt gewönne und nähme doch Schaden an seiner Seele?" Du darfst deine Seele, also deine wichtigsten Überzeugungen nicht aufs Spiel setzen. Wenn du die Regeln nicht zu kompliziert machst und dich auch selbst an sie hältst, wird eure Liebe nur stärker werden. Wenn er dir wegläuft, hast du dir gerade monatelangen Liebesstress erspart. Amen."[51]

Also auch hier, eine Konstitution (Regeln, die die Integrität und den Seelenfrieden schützen). Und zu Emotionen lesen wir: „ Fühle mit deinem Herzen, aber triff Entscheidungen mit deinem Verstand, indem du dich an deine Richtlinien erinnerst, wann immer dein Herz dir rät, etwas völlig Dämliches zu tun oder dich unter Wert zu verkaufen".[52] Die Entscheidung trifft der Verstand nach den gesetzten Regeln. Und warum, und vor allem warum das schwer ist: „Weil du deinen Hauptgewinn direkt vor Augen hast. Du bist so nah dran, Du bist dir todsicher, dass er sehr bald deine Sicht der Dinge verstehen und sich an deine Regeln halten und dich mit dem Respekt behandeln wird, den du verdienst. Falsch. Das wird er nicht. Er ist ein Hund, der sich daran gewöhnt hat, aufs Bett zu springen und auf den Teppich zu pinkeln, und jetzt ist es zu spät."[53] Ovids „Wehret den Anfängen" lässt grüßen. „Du musst bereit sein, einfach zu gehen, wenn der Deal nichts taugt. Wenn du das jetzt schon schwer findest, dann überleg mal, wie hart es nach einer monate-oder jahrelangen verkorksten Beziehung wird."[54]

Eine Konstitution gilt natürlich nicht nur für die Beziehung, sondern formuliert verbindlich die eigenen Werte und Moralvorstellungen und Absichten, wie das eigene Leben aufgebaut und ausgerichtet sein soll. Das geschieht am besten schriftlich. Zum einen, muss man sich nicht immer wieder aufs Neue befragen und situativ entscheiden, und zum anderen schafft die Verschriftlichung Verbindlichkeit. Und, der größte Vorteil, Sie können sich Ihre Konstitution jeden Morgen vor Augen führen. Morgens, weil es dann Ihre Werte für den Tag aktiviert, und täglich, damit das eben nicht nur an hoheitlichen Feiertagen passiert (und damit null Wirkung hat), sondern feste Grundlage Ihres täglichen Tuns wird. Wir sind wahrlich die Summe unserer täglichen Entscheidungen, auch der ganz kleinen und scheinbar banalen und vermeintlich harmlosen, sie addieren sich auf und werden zu Automatismen, die schwer abzulegen sind, vor allem wenn sie uns auf Dauer praktiziert schaden, ist es besonders von Nachteil. Dies passiert sehr häufig, wenn negative Emotionen die Entscheidungen treffen (anstatt bloß anzuzeigen, dass etwas unserer Aufmerksamkeit und verstandesmäßigen Lösung bedarf). Hanson bezieht sich auf seine Therapiepraxiserfahrung, um das deutlich zu machen: „Durch viel Mühe und die Anwendung bestimmter Kniffe mag es gelingen, die momentane Befindlichkeit anderer zu verbessern, was diesen ein angenehmes Gefühl bereitet. Doch nehmen wir uns in der Regel nicht die Zeit, dieses Gefühl bewusst zu pflegen und zu erhalten, damit es sich im Gehirn *verankern* kann, Ich sprechen hier auch von mir selbst. Als Therapeut ist es eine enttäuschende Erfahrung, dass von all den positiven Gedanken und Gefühlen, die ich mich bemühe, bei anderen wachzurufen, nur sehr wenig von bleibendem Wert ist. [...] Dabei spielt es keine Rolle, ob man sich nun in einem Fortbildungsseminar für Führungskräfte oder in einer Sitzung der Anonymen Alkoholiker befindet. Man bemüht sich stets darum, einen positiven Prozess – etwas, das einem den Rücken stärkt, das einen klüger macht etc. – in Gang zu setzen und muss doch oft schon wenige Stunden später feststellen, dass jeder positive Effekt wie verflogen scheint. Sisyphos lässt grüßen. Als würde der Felsbrocken, den wir so mühevoll den Abhang hinaufgeschoben haben, stets von selbst wieder hinunterrollen. Die negative Verzerrung ist nicht unsere Schuld. Aber wir können etwas dagegen tun."[55]

Der erste Schritt, ist, nicht zu warten, bis Sie etwas ohne Angst gemäß Ihrer Konstitution tun können (das wird nie passieren). Machen Sie es mit Angst, wenn Ihnen das Herz bis zum Hals schlägt, Sie anfangen vor Stress und Anspannung zu zittern, Ihnen der Schweiß ausbricht – egal – in Herrgottsnamen, tun Sie es, die Zuversicht und Selbstwirksamkeit kommt erst mit dem Handeln, wenn Sie wirklich sich selbst treu bleiben und sich selbst achten. Sie können Sie zudem auch auf andere Weise stärken. Und das schauen wir uns jetzt an.

ACHT
NEGATIVE EMOTIONEN VS. RESPONSIVE MODE

In Kapitel 6 habe ich aufgezeigt, was passiert und was es uns kostet, im reaktiven „roten" Modus zu sein. Leider ist „das Gehirn wie Klett für negative und wie Teflon für positive Erfahrungen. Während uns die negative Verzerrung in Momenten existenzieller Bedrohung das Überleben sichert, beeinträchtigt sie unsere Lebensqualität, zwischenmenschliche Beziehungen, persönliche Entwicklung und dauerhafte Gesundheit. [...] Sie ist die Standardeinstellung des Steinzeitgehirns. Wenn wir nicht lernen, sie zu beherrschen, wird sie uns weiterhin beherrschen. Indem wir lernen, das Gute bewusst in uns aufzunehmen, sorgen wir für Chancengleichheit und wirken den Tendenzen der negativen Verzerrung entgegen: Wir schwächen negative Gedanken, Gefühle und Handlungen ab, und stärken Positive. Diese Übung kommt Ihren drei Grundbedürfnissen nach Sicherheit, Zufriedenheit und Zugehörigkeit entgegen."[56]

Und hier finden wir unsere zwei Funktionsmodi auf neuronaler Ebene vor: „Jedes Betriebssystem Ihres Gehirns kennt zwei grundsätzliche Modi: einen *anpassungsfähigen* und einen *reaktiven*. Solange Sie das Gefühl haben, dass eines Ihrer Grundbedürfnisse befriedigt wird, befindet sich das betreffende System im anpassungsfähigen Modus. Wenn Sie sich sicher fühlen, dann arbeitet Ihr Vermeidungssystem im anpassungsfähigen Modus, was Ihnen ein Gefühl von Entspanntheit und innerer Ruhe beschert. Bei dem Gefühl von Zufriedenheit schaltet auch Ihr Belohnungssystem in den anpassungsfähigen Modus, was Ihnen dankbare und zufriedene Momente beschert. Und wenn Sie das Gefühl haben, integriert und eingebunden zu sein, arbeitet Ihr Bindungssystem im anpassungsfähigen Modus und ruft Gefühle der Zugehörigkeit, Vertrautheit und Empathie hervor. Der Einfachheit halber möchte ich diesem Modus die Farbe *Grün* zuordnen.
Im anpassungsfähigen Modus können Sie Herausforderungen begegnen, ohne sich von ihnen unter Druck setzen zu lassen. Es ist, als würde Ihr Gehirn über eine Art Stoßdämpfer verfügen, der verhindert,

dass Sie von äußeren Ereignissen allzu sehr erschüttert werden. Selbst mit kraftraubenden oder bedrohlichen Ereignissen kommen Sie zurecht, ohne sich ängstigen oder frustrieren zu lassen. Sie sind fest im Leben verwurzelt und in der Lage, auch schwierige Situationen zu meistern, weil Ihnen nie ein Grundgefühl der Sicherheit und Geborgenheit abhandenkommt.[57]

Da uns negative Emotionen sehr viel kosten, und die positiven zu spüren hindern, gilt es, sich zunächst (gerade wenn sie besonders stark präsent sind) um die negativen Emotionen zu kümmern. D.h. sich bewusst mit ihnen auseinanderzusetzen und sie zu befragen: „mit welchem Anliegen kommt ihr zu mir?" und dann das handlungsorientierte Denken einzuschalten um sich zu fragen: „Was kann/will/soll ich sinnvollerweise damit machen?". Hier ist die große Falle der Rumination, die auf einen wartet, wenn es nicht gelingt das emotionale Denken zu verlassen, welches zu keinen Lösungen führt. Wie sie richtig mit ihren Emotionen arbeiten und sie verstehen lernen, und welche Techniken dazu dienlich sind, habe ich in meinem ersten Buch genau beschrieben. Jetzt schauen wir uns an, was zu tun ist, wenn Sie ihre schwierigen Emotionen eigentlich verstanden haben und auch Lösungsstrategien bereit halten, aber ihre Emotionen keine Ruhe geben wollen, denn „Die Mischung aus Grübelei und schlechter Laune ist Gift. Wissenschaftliche Erkenntnisse zeigen, dass Menschen, die in trauriger und verzweifelter Stimmung grübeln, pessimistisch und selbstkritisch sind, sich ausgeliefert und machtlos fühlen und generell alles schwarz sehen."[58] Es entsteht eine negative Abwärtsspirale, die dann zur selbsterfüllenden Prophezeiung wird. „Die Beweise für die negativen Auswirkungen des Grübelns sind überwältigend. Wenn Sie zu viel Denken, müssen Sie diese Angewohnheit unbedingt loswerden, um glücklicher werden zu können. Ich würde sogar behaupten, für Grübler ist eines der Glücksgeheimnisse, das zwanghafte Sinnieren abzustellen und negative Gedanken in neutrale und positive zu verwandeln. Wirklich glückliche Menschen sind in der Lage, sich in Tätigkeiten zu versenken, die ihre Energien und ihre Aufmerksamkeit von finsteren und angsterfüllten Gedanken abzulenken. [...] Glücklicher zu werden bedeutet zu lernen, Ihre Grübeleien über kleinere und größere negative Erfahrungen abzustellen, nicht mehr über jedes Wenn und Warum nachzudenken und nicht zuzulassen, dass sie Ihr Bild von sich und der Welt verzerren."[59] Deswegen ist es wichtig, damit zwingend aufzuhören, und erst in neutraler Laune oder noch besser guter Laune nach echten Lösungen für Ihr Anliegen zu suchen. Allerdings darf diese auch nicht zu gut sein, emotionale Extreme sind bei Entscheidungsfindungen zu meiden. Sonja Lyubomirsky schlägt in ihrem Buch hierzu mehrere Strategien vor:

1. Ablenkung, hierbei ist z.B. Yoga auch sehr hilfreich, aber auch alles andere, was Ihren Geist mit anderen Inhalten beschäftigt, Sie sollten sich hier aber eine erfüllende Tätigkeit suchen, und sich nicht z.B. mit dem Handy wegspammen.

2. Feste begrenzte Zeiten zum Grübeln reservieren: „also darüber denke ich von 18:30-19:00 Uhr nach."

3. Schreiben Sie Ihre Gedanken auf (das fördert auch das zu Ende denken, außerdem sieht man dann manchmal schwarz auf weiß, was für ein Mist das ist)

4. Sprechen Sie mit jemand. Hier gilt: „Aber Vorsicht. Wählen Sie Ihre Vertrauensperson sorgfältig aus: Sie muss objektiv bleiben können und darf nicht mit Ihnen zusammen ins Grübeln verfallen, denn dadurch fühlen Sie sich [beide] schlechter als vorher."[60] Derjenige darf Sie auch nicht beschämen oder das was Sie erzählen runterspielen. Wenn Sie unsicher sind, dann schreiben Sie Ihre Gedanken besser einfach auf. Das Reden mit jemandem hilft zum einen auch, weil Sie um es jemanden verständlich machen zu können, was in Ihnen vorgeht, ihre Gedanken klar ausformulieren-quasi zu Ende denken müssen (den Zweck erfüllt auch das Schreiben) und im Idealfall die Annahme durch den anderen, der sagt „du darfst so fühlen".

5. Die Stop-Technik. „Wenn Sie feststellen, dass Sie ins Grübeln geraten, denken, sagen oder rufen Sie Stop oder Nein."[61] Das ist, neben dem Schreiben, meine bevorzugte Technik: visualisieren Sie ein Stoppschild, um die Gedankenkette zu unterbrechen und fragen sich, was Sie für sich brauchen, wie sich etwas Gutes tun könnten, worauf Sie sich heute noch

freuen oder wenn das nicht gelingen will, dann fragen Sie sich, was Sie noch genau zu tun haben, und malen Sie sich aus wie Sie es ganz konkret Schritt für Schritt angehen wollen. Hauptsache die negativen Gedanken schweigen. Manchmal hilft zum Unterbrechen: „Oh nee, du schon wieder" und gelegentlich auch ein „Schnauze" oder ein „Danke, ich kümmere mich schon um mich."

6. Da wir ja sehr situativ sind, ist es wichtig Grübelfallen zu identifizieren und zu meiden: stellen Sie eine Liste von „typischen Orten, Zeiten, Situationen und Personen zusammen, die Sie zum Grübeln bringen. Wenn irgend möglich, vermeiden Sie diese Auslöser oder verändern Sie sie so, dass Sie nicht mehr ins Grübeln verfallen. Das ist ähnlich, wie sich das Rauchen abzugewöhnen: Auch Raucher müssen lernen, bestimmte Orte, Tageszeiten, [Situationen] und Menschen zu meiden, die das Verlangen nach einer Zigarette wecken."[62]

7. Wenn Sie über etwas Grübeln hilft auch die „Wie wichtig ist das noch in einem Jahr oder auf dem Sterbebett?" – Frage.

8. Lernen Sie zu meditieren. Meditation hat sehr viele segensreiche Auswirkungen, bis hin zur Verlängerung der Telomere (sie begegnet uns auf jeden Fall noch öfter). Das wichtigste im Hinblick aufs Grübeln ist: sie hilft, den Gedankensog, der beim Grübeln entsteht zu verlassen und auch zu lernen, das immer schneller zu tun. Sie hilft, eine gewisse Distanz zum eigenen denken einzunehmen und nicht jede Absonderung Ihres Gehirns für bare Münze zu nehmen. Sie ist auch das Mittel der Wahl, wenn die bisher beschriebenen Methoden nicht helfen, und Sie ein größeres Problem mit Grübelzwang und Ängsten haben, und diese sich teilweise schon selbst triggern.

Sehen Sie einfach, was am besten für Sie funktioniert. Damit ist nicht gemeint: „ich hab's einmal halbherzig versucht und es hat nicht geholfen." Wenn Sie die oben genannten Methoden wirklich versucht haben, und diese nicht ausreichen, so müssen wir tiefer einsteigen; ein

Glück ist kürzlich „Unwinding Anxiety" von Judson A. Brewer erschienen.[63] Er zeigt darin auf, wie Sie habitualisierte Angstspiralen, die automatisches Verhalten triggern, und sogar davon selbst getriggert werden, auflösen können. Achtsamkeit und Bewusstsein (beides in Meditation reichlich vorhanden) sind das Mittel der Wahl dazu, sowie ein grundlegendes Verständnis dafür, wie unser Gehirn funktioniert, d.h. wie es lernt und Verhalten und Gewohnheiten ausbildet, und nach welchen Kriterien es eine Auswahl trifft. Nur wenn wir das verstehen und tatsächlich anders handhaben können, wird sich daran etwas ändern. Wie ich es schon eingangs aufgezeigt habe, gibt es sehr viel, dass es uns schwer macht, uns zu ändern (siehe Kapitel 2). Letztlich hängt es alles an unseren (Umgang mit) Emotionen und den (bisherigen) Lernerfahrungen unseres Gehirns, die wir teilweise als solche gar nicht bewusst wahrnehmen können. Die Dinge sind halt so (Teil unserer Persönlichkeit). Dass das irgendwie nicht richtig ist, merken wir nur daran, dass wir leiden.

Matthieu Ricard sagt so schön in seinem TED Talk über Glück: „Niemand wacht morgens auf und denkt sich: Möge ich heute den ganzen Tag leiden. "

Wie kommt es, dass wir es dennoch tun? Einige Gründe haben wir schon kennengelernt, sie liegen zum Teil in unserer „sozial" konditionierten Biologie und in der funktionsweise und den (frühen) Lernerfahrungen unseres Gehirns, die uns zum Teil nicht bewusst sind, bis wir sie gezielt analysieren (Stichwort Glaubenssätze). Und den Rest haben wir uns leider selbst beigebracht, und auch das wissen wir nicht. Nur es macht uns permanent fertig.

Hier Auftritt Brewer: „Bevor Sie es wissen - weil es nicht wirklich ein bewusstes Ereignis ist - wird die Art und Weise, wie Sie mit Emotionen umgehen oder Stressoren lindern, zur Gewohnheit. Dies ist ein entscheidender Moment, also lesen Sie dies bitte langsam: Mit den gleichen Gehirnmechanismen wie [einst der Höhlenmensch] sind wir modernen Genies *vom Lernen zu überleben* dazu übergegangen uns buchstäblich mit diesen Gewohnheiten *zu töten*."[64]

Wie das geht? Ganz einfach, denn unser Gehirn betreibt seit Urzeiten belohnungsbasiertes Lernen (operante Konditionierung) welches auf positiver und negativer Verstärkung beruht. „Einfach ausgedrückt, möchten Sie mehr von den Dingen tun, die sich gut anfühlen (positive Verstärkung), und weniger von den Dingen, die sich schlecht anfühlen (negative Verstärkung)".[65] Wieso das mörderisch sein kann erklärt sich aus unseren Emotionen, sind sie schlecht, will das Gehirn sie loswerden. Jetzt, sofort, um jeden Preis, Hauptsache schnell. Mach das weg jetzt. Und wie wir gesehen haben ist bei großen Emotionen und vor allem Stress und Angst der präfrontale Cortex offline und damit nicht verfügbar, womit Willenskraft und rationales Handeln außer Reichweite sind. Deswegen können Sie sich aus solchen Zuständen und negativen Verhaltensweisen auch nicht „herausdenken" oder diese mit Willenskraft meistern. Zu denken: „Rauchen ist schlecht für mich ich sollte es lassen." hat allein noch zu keinen Ergebnis geführt.

Schlimmer noch, das Gehirn, das jetzt noch zur Verfügung steht, ist das oben beschriebene, und emotionsgetrieben sucht es einen Quick Fix, den es mal gelernt hat. So trinken wir nach Feierabend um „runterzukommen", essen Eiskrem um uns zu „trösten", scrollen blöd das Handy, um nicht nachdenken zu müssen. Das Problem mit Quick Fix ist, dass es zum einen von außen zugeführt wird, zum anderen in der Regel auf lange Sicht sehr problematische Konsequenzen hat (wenn Sie immer trinken um zu entspannen entwickeln Sie auf Dauer ein Suchtproblem) und es bringt auch keine dauerhafte Lösung mit sich. So müssen Sie noch mehr Eis essen und noch mehr Alkohol trinken, weil das Gehirn sich auch noch an den „Stoff" gewöhnt hat, und um die gleiche Wirkung zu erzielen, immer mehr davon braucht.

Weswegen machen wir das, wenn es eigentlich so schlecht ist? – eben weil es kurzzeitig eine Wirkung hat. Wir erinnern uns: „Mach das weg, schnell" ist die Parole. Das Gehirn erinnert sich, z.B. dass Sie entspannter und besser drauf sind, wenn Sie trinken. Sie trinken. Fertig is. Irgendwann läuft das fast automatisch und kaum bewusst ab, denn ihr Gehirn hat das zu einer Gewohnheit gemacht. Je besser Sie sich *kurzfristig* dadurch fühlen (das Gehirn sieht nicht den Kater, das Übergewicht, den Selbsthass), desto stärker die Gewohnheit und desto automatischer läuft sie ab. Wenn Sie von negativen Gedanken eingeholt die Angewohnheit haben zu Grübeln und das zu einer unkontrollierten Endlosabwärtsspirale ausartet, so ist es auch eine Gewohnheit, nur das der Auslöser und Quick Fix hier Ihre eigenen negativen Gedanken sind. Was daran das Lohnenswerte ist? Zu Beginn scheint das durchdenken von Ängsten, Problemen und Sorgen produktiv, man sucht ja nach einer Lösung, spielt sie in Gedanken durch – genau – und fühlt sich dadurch kurzzeitig besser. Nur das hält nicht lange an und eh man sich versieht ist es ein perpetuum mobile und Sie sitzen schon lange nicht mehr am Steuer, sondern sind komplett ausgeliefert... So fühlt es sich zumindest an.

Achtung, hier ist es wichtig: es geht nicht um konzeptuelles intellektuelles Verstehen dessen, das ich hier beschreibe, denn das „wissen" wir ja schon alle wunderbar, nur gebracht hat es nicht viel. Sondern es geht um ein unmittelbares Erleben dessen, was jetzt gerade passiert in unserer Umwelt, unserem Körper und in unseren Gedanken. Also schreiben wir uns hinter die Ohren: wir können uns nicht aus der Angst hinausdenken, wir können uns auch nicht zwingen aus ihr herauszugehen, auch nicht mit Willenskraft und besonders nicht mit Gedanken „ich sollte/müsste irgendwas tun (oder nicht tun)." Was können wir also tun?

Schritt 1

Gewohnheitsschleife erkennen: Sie besteht aus Auslöser, Verhalten, Ergebnis /Belohnung

Beispiel:

Auslöser: Durch hören des Namens, den Anblick (durch Social Media nicht wirklich schwer), oder dank der Tatsache, dass mein Gehirn sich einfach erinnert fällt mir ein Mensch ein, der mich schlecht behandelt hat. Ich fühle Anspannung im Körper, Enge in der Brust, wie sich meine Schultern zu den Ohren hochziehen und wie mein Herz schneller schlägt, innere Unruhe, das Gefühl von Ausgeliefertsein, dass ich damals empfunden habe kommt wieder hoch, und das Gefühl tiefer Frustration sich in dieser Situation zu befinden.

Verhalten: Ich stelle mir vor, wie ich besser reagiert, was ich in der Situation besser anders gemacht hätte und wie ich die Person zu Rede stelle und zurechtweise usf. Ich male mir das richtig bunt aus uns spiele das immer wieder in vielen Variationen durch, wie es hätte laufen „sollen".... Immer und immer wieder.... Und wieder ....und wieder... und nochmal... und jetzt in Variation...aber was wenn...aber dann...

Ergebnis, Lösung: kurzfristig entspanne ich mich ein wenig (Erleichterung), und ich fühle mich nicht mehr so hilflos und als Gewinner, da ich jetzt in Gedanken die Situation für mich zufriedenstellend gelöst habe (Belohnung) aber die Gedanken werden auf Dauer eher mehr denn weniger (Habitualisierung, das Gehirn gewöhnt sich und braucht für die gewünschte Wirkung eine höhere Dosis). Ich fange wieder an dasselbe zu durchdenken...

Schritt 2: Was habe ich davon kurzfristig (s.o.) und auf Dauer?

Das kostet mich Kraft und erschöpft mich, vergiftet mir die Stimmung kostet Zeit und Energie, und löst nicht das Problem, so kommen die Gedanken immer und immer wieder. Die durch einen Gedanken ausgelöste Angst zieht als Verhalten weitere (negative) Gedanken an, die die Spirale befeuern und noch mehr innere Anspannung, Stress und negative Gefühle triggern.

Untersuchen Sie in den nächsten 2 Wochen für Angst-Gewohnheitsschleifen Sie haben, und wie diese beschaffen sind: was sind die Auslöser, welches Verhalten Sie an den Tag legen (hier ist wie erleben Sie es und wie es sich im Körper anfühlt besonders wichtig!) und was das kurzfristige Ergebnis ist. Fragen Sie sich auch wenn möglich währenddessen: was habe ich davon auf Dauer, wie geht es mir danach? Schreiben Sie das, was Sie rausgefunden haben auf. Zeichnen sie Ihre Gewohnheitsschleifen auf und ob die erhoffte „Belohnung" in ihrer langfristigen Wirkung wirklich so toll ist. Sie dürfte eher *enttäuschend* sein. Deswegen ist es wichtig, dass Sie diese

Konsequenzen dieser Gewohnheitsspiralen und Ihres Verhaltens so deutlich wie möglich spüren (körperlich) und so intensiv wie möglich erleben und bewusst wahrnehmen. Nur so kann ihr „Steinzeitgehirn" lernen, dass das nun nicht mehr gut ist! Nur so, und nicht anders. Es kann darüber nicht intellektuell räsonieren, nur aus echtem Erleben und Anschauung lernen, dass das was es für gut hielt nicht gut ist, und stattdessen etwas anderes als Lösung her muss. Das Problem mit unserer bisherigen „Lösung" war, dass sie keine ist. Wir wollten unsere Gefühle „wegmachen schnell". Dazu haben wir Dinge von außen zugeführt (Eis, Alkohol, Ablenkung) oder von innen (endloses Gedankenkreisen, Sorgenmachen, Rumination); wir hatten den Drang, mit dem Gefühl etwas tun zu müssen, es „wegzumachen".

Schritt 3: Reite die Welle

Da „Wegmachen" nicht klappt und nur meist destruktive, den Kreislauf weiter antreibende Verlangen weckt, ist die Frage: „was kann man denn sinnvoll damit tun?" Im Prinzip kann man nicht viel tun, denn wir haben auf vieles keinen großen Einfluss, unsere Gedanken kommen wie Wellen, wir wissen auch nicht was in der Zukunft passiert, und unser Einfluss auf andere Menschen ist eher rudimentär… Was also tun mit den Wellen unseres Geistes? „Wellen kann man nicht aufhalten, man kann sie nur surfen lernen." – sagt Jon Kabat-Zinn. Und konkret heißt es, die Gedanken neugierig und achtsam beobachten und vorbeiziehen lassen, ohne etwas „damit tun" zu müssen, sondern sie anzunehmen, so wie sie sind, ohne Widerstand zu leisten, denn das ist wie Benzin ins Feuer gießen. Es ist aber keine Passivität, in der Sie von der Welle voll erwischt und im Sog der Gedanken zu Ihren schlechten, sie aufrechterhaltenden Gewohnheiten weggespült werden. Sie beobachten mit Neugierde, was genau in Ihrem Körper gerade passiert, was für Verlangen geweckt werden (wenn Sie Schritt 1 und 2 geübt haben, können Sie dem Impuls, diesen zu folgen, leichter aushalten und einfach vorbeiziehen lassen). Sie schauen zu wie die Welle sich aufbaut. Sie akzeptieren, das was da ist, und ruhen in der Erfahrung so wie sie gerade ist, bis sie von alleine abebbt, weil Sie nichts hinzufügen und auf dem Wellenrücken zurück zum Strand finden, wo die Welle letztlich von allein ankommt...

Wenn Sie es schaffen, gelassen den Gedanken zu erlauben zu sein, ohne ihnen anzuhaften, oder etwas „reparieren" zu wollen oder sie zu unterdrücken, so entsteht Raum und die Freiheit, sich ihnen zuzuwenden, sie zu beobachten und sie einfach ziehen zu lassen, als das was sie sind: Nebenprodukte unseres Gehirns, denen wir echt zu viel Bedeutung beimessen. Durch tiefes Atmen und Entspannungsübungen wie u.a. Meditation aber auch körperliche Entspannung wie Joga oder progressive Muskelentspannung können Sie sich sehr effektiv darin unterstützen, Ihre feuernde Amygdala zu beruhigen. Diese ist letztlich für Ihre Empfindungen zuständig. Sie beruhigen sie effektiver über die Aktivierung des Parasympathikus mit den zuvor genannten Techniken, als über rationale Argumente, denn der Teil des Gehirns ist in Pause, wenn die Amygdala übernimmt.

Und vielleicht können Sie jetzt auch erkennen, warum die eingangs genannten Methoden 1-7 ohnehin nur bei Kleinigkeiten helfen können, sie basieren auf Ablenkung und nicht auf Auflösung. Bitte beachten Sie, dass wenn Sie positiv Affirmieren, negative Gedanken durch Positive ersetzen, usw. usf., dass es Widerstand ist, auch das verhindert unter Umständen die Auflösung. Auflösung geht nur über das Bewusstsein.

Und so behält de Mello mal wieder Recht, wenn er schreibt: „Bewusstheit, Bewusstheit und noch einmal Bewusstheit."[66] Das ist alles, was es wirklich braucht.

NEUN
RESPONSIVE MODE AKTIVIERT

Und dann gibt es ja noch glücklicherweise positive Emotionen, die man gezielt aufsuchen kann. „Wer das Gute sucht, leugnet nicht das Schlechte oder sträubt sich dagegen. Man ist sich der ganzen Wahrheit - aller Mosaiksteine des Lebens - bewusst, statt nur die negativen zu sehen. Man erkennt das Gute in sich, in anderen, in der Welt und unserer gemeinsamen Zukunft."[67]

Da das Gute leicht an uns vorbeizieht, und ohne unser zutun nicht so einfach und tief in uns einfällt wie negative Emotionen, sind gewisse Schritte hilfreich, das Gute in sich aufzunehmen, dabei handelt es sich *„theoretisch gesprochen um die reflektierte Internalisierung positiver Erfahrung ins implizite Gedächtnis.*

Diese besteht aus vier einfachen Schritten:

1. Mache eine positive Erfahrung.
2. Reichere sie an.
3. Nimm sie in dich auf.
4. Verbinde sie mit positivem und negativem Material.

Schritt 1 aktiviert einen positiven Bewusstseinszustand. Die Schritte 2 bis 4 installieren diesen im Gehirn. Die ersten drei Schritte konzentrieren sich ganz auf den Umgang mit positiven Erfahrungen. Der vierte Schritt ist optional, doch sehr wirkungsvoll: Er bedient sich positiver Gedanken und Gefühle, um negative zu besänftigen, abzumildern und womöglich zu ersetzen."[68]

Da wir nun mal körperliche Wesen sind und die Welt mit unseren Sinnen wahrnehmen gibt es „fünf Faktoren, die die Umwandlung von flüchtigen mentalen Erlebnissen in dauerhafte neuronale Strukturen fördern. Je größer die *Dauer, Intensität, Multiplizität der Modi, Neuheit und persönliche Relevanz* sind, desto besser gelingt die Speicherung im

Gedächtnis. Jeder dieser Faktoren birgt die Möglichkeit, Neuronen aktiv werden zu lassen, damit die Synapsen mehr Verbindungen ausbilden, während Sie das Gute in sich aufnehmen. Wiederholte Episoden der Aufnahme des Guten vertiefen die neuronalen Spuren [und desto mehr Masse entsteht.] [...] Das Ausbilden neuer Gehirnstrukturen ist im Grunde ein mechanischer Prozess."[69]

Das ist wie der Gang ins Fitnessstudio, nur kurz ein Mal im Monat nützt nichts. Um das Gehirn „umzupolen" bedarf es regelmäßiger Übung, gewisser Achtsamkeit (um die Gelegenheiten wahrzunehmen oder sich ins Bewusstsein zu holen, den Sie können auch Dinge erinnern oder sich einfach vorstellen im Rahmen solcher „Übung") und der Entscheidung, sich auf das Erleben (am besten mit allen Sinnen) einzulassen und dem Erlebnis nachzuspüren. Wenn Sie einen schönen Sonnenaufgang bemerken und nur kurz denken: „Oh schön, aber jetzt muss ich schnell wichtige Erwachsenendinge tun und habe keine Zeit für sowas" dann verpassen Sie eine Gelegenheit. Ich denke Kinder sind uns gegenüber (solange wir sie nicht verdorben haben) im Vorteil: sie können über die kleinen und großen Dinge staunen und sich spontan darauf vollkommen einlassen, bei Kindern ist es aber völlig unreflektiert. Überlegen Sie, was Sie als „Erwachsener" könnten, wenn Sie doch nur von den Erwachsenendingen lassen... Bleiben wir bei dem Sonnenaufgang: „Oh schön" Sie unterbrechen, was auch immer Sie gerade getan haben, und nehmen sich die Zeit dazu, den Anblick in sich aufzunehmen, das Licht zu bestaunen, die Wärme, die die Kühle des Morgens durchbricht zu spüren, (ja wo genau?) die frische Luft zu Atmen, ganz tief und zu spüren, wie sie Ihre Lungen ausfüllt, das Vogelgezwitscher zu hören - ein kostenloses Konzert der Freude über den neuen beginnenden Tag. „Jeden Morgen ist Welturaufführung" heißt es, und Sie haben das Glück dabei zu sein und das in der ersten Reihe. Sie sind ergriffen von dieser Schönheit und fühlen Staunen darüber, wie alles miteinander verbunden ist und voneinander abhängt, und dass Sie ein Bestandteil dieses Universums sind und damit niemals allein. Sie spüren eine wohlige Wärme in ihrem Herzen und ein Gefühl der Verbundenheit und ein allumfassendes Mitgefühl mit der gesamten Schöpfung, Sie möchten, dass es allen Geschöpfen gut geht und die Welt schützen, denn sie ist ein so wunderbarer Ort.

Nicht schlecht für einen popligen Sonnenaufgang, oder?[70] Nebenbei vollzieht sich hier ein Schlenker vom hedonistischen zum eudaimonischen Glück. Das bringt uns zum nächsten Thema:

ZEHN
WAS IST GLÜCK?

Es sind nicht die äußeren Dinge, wie ich eingangs geschrieben habe, auch wenn wir es so gerne glauben wollen. Selbst Geld ist ab einer gewissen Einkommenshöhe wirkungslos, zwei Jahre nach der Eheschließung haben Sie das gleiche Glücksniveau wie zuvor (und wenn Sie Pech haben ein niedrigeres), die gesamten äußeren Faktoren machen nur 10 % des Glücks aus, sagt Lubomirsky in Ihrem Buch.[71] Dank hedonistischer Anpassung gewöhnen wir uns zudem schnell an sie, was ihr Glückspotential weiter senkt und neue äußere Dinge angestrebt werden müssen.

50 % liegen wohl in den Genen, diese bestimmen unseren „Glücksfixpunkt" zu dem wir immer wieder nach Tragödien oder Triumphen immer wieder zurückkehren.

Die restlichen 40 % sind Arbeit. Denn „Glück ist Arbeit" [...] Vermutlich ist es selbstverständlich, das jede große Leistung im Leben - etwa das Erlernen eines Berufs, die Beherrschung einer Sportart oder die Erziehung eines Kindes – auch großen Einsatz verlangt. Trotzdem fällt es uns oft schwer, diese Erkenntnis auch auf unser Gefühls- und Seelenleben zu übertragen. [72]

Hierzu gehört auch ein gewisser Umfang an Fachwissen, damit Sie das Glück nicht an der falschen Stelle oder auf die falsche Art und Weise suchen, wie es z.B. beim „Ich bin so glücklich"-wenn-ich-es-mirnur-oft-genug-einrede-Affirmationshype war, der jetzt als „toxischer Optimismus" bekannt ist. Sie benötigen ein Grundlagenwissen, wie die Dinge funktionieren um sie effektiv anwenden zu können, und natürlich müssen Sie sie anwenden, damit sie funktionieren.

Fangen wir mit ein paar Trivia an, die so trivial nicht sind: wenn Sie mit Gelinggarantie unglücklich sein wollen, hier ein simples Rezept: schlafen Sie keine 6 Stunden (am besten nach Alkoholgenuss, damit Sie nicht in den Tiefschlaf kommen), essen Sie hastig im Vorbeilaufen zuckerhaltigen industriell verarbeiteten Müll, der Ihnen die letzte Energie raubt, und fangen Sie Zoff an, weil Sie müde und überreizt sind, und Menschen generell hassen, weil die anstrengend sind, und ständig irgendwas von einem wollen... et voilà. War doch gar nicht so schwer, oder? Wenn Sie viele schlechte Gewohnheiten haben, dann war es wirklich ganz leicht... und es steht Ihnen dann viel Arbeit bevor, um glücklich zu sein. Aber es lohnt sich: „Wenn wir glücklicher sind, erfahren wir nicht nur mehr Freude, Zufriedenheit, Liebe, Stolz und Staunen, wir verbessern andere Aspekte unseres Lebens wie unsere Energie, unser Immunsystem, unser Engagement am Arbeitsplatz, unser Verhältnis zu anderen Menschen sowie unsere körperliche und geistige Gesundheit. Wenn wir glücklicher werden, steigern wir außerdem unser Selbstbewusstsein und unser Selbstwertgefühl. Und nicht nur wir selbst profitieren, wenn wir glücklichere Menschen werden, sondern auch unsere Partner, Familien, Freunde, Bekannte und die Gesellschaft als Ganzes."[73]
Glück ist eher die Summe der alltäglichen Entscheidungen und Verhaltensweisen, die Sie in Ihrem Leben treffen, weniger ein ekstatischer Zustand.

Also was tun Sie jeden Tag? Ich hoffe für Sie, Sie haben kein Suchtproblem, oder legen Verhaltensweisen an den Tag, die nach moralischen (und/oder gesetzlichen) Standards verwerflich sind. Dann wird es nichts mit dem Glück, denn wesentlicher Bestandteil ist es, ein anständiger Mensch zu sein, und frei in seinen Entscheidungen. Wenn Sie nach etwas süchtig sind, sind Sie nicht frei. Das ist die notwendige Bedingung. Ansonsten ist es wie in einem Auto ohne Räder losfahren zu wollen: es ist egal, wie toll der Rest des Autos ist, Sie kommen nicht wirklich von der Stelle, und wenn Sie wie durch ein Wunder ein paar Meter rollen kommt unweigerlich der Crash.

Also wenn o.g. kein Thema ist, fangen wir mit dem dann wichtigsten an: Schlaf, denn ohne Schlaf ist alles doof. Regelmäßiger erholsamer Schlaf von 7-9 Stunden ist wichtig, der Körper kann sich erholen und regenerieren, im Schlaf finden auch in bestimmten Schlafphasen Reinigungsprozesse im Gehirn statt. Ausreichendender und regelmäßiger Schlaf fördert zudem regelmäßige Mahlzeiten, wogegen Schlafmangel zur Gewichtszunahme führt, da das Hormon Ghrelin erhöht wird (Appetitanregung) und damit das Hungergefühl vor allem ungesundes zuckerhaltiges oder fettiges Zeug, da der übermüdete Körper nach Energie verlangt. Erin Hanlon, eine Endokrinologin Chicago formuliert es so: „Unter Schlafentzug wird die Genusssucht noch bestimmten tröstlichen Nahrungsmitteln stärker und die Fähigkeit, diesen zu widerstehen, ist anscheinend geschwächt. So isst man automatisch mehr." Es empfiehlt sich, in etwa stets die gleichen Zubettgehzeiten einzuhalten (auch am Wochenende), in einem eher kühlen, dunklen und ruhigem Raum zu schlafen, und Bildschirme und aufregende News zu meiden (das auch grundsätzlich). Dank Kapitel 8 wälzen Sie nachts keine beunruhigenden Gedanken umher ;)

Als nächstes kommt das Essen: Die Nahrung liefert nicht nur Energie, sie dient auch der Erneuerung und dem Aufbau der Körperzellen.

Demnach ist es naheliegend industriell verarbeitete Lebensmittel zu meiden, sie sind schlicht ernährungsphysiologisch wertlos, voll von Zucker und Stabilisatoren und Geschmacksverstärkern sind und noch stark übersalzen und ballaststoffarm (und es ist wirklich egal was auf der Packung steht, selbst wenn es „vegan" ist.) Aus diesen Gründen sollten Sie erst Recht keine „Light" Produkte wählen, da wird der Geschmacksträger Fett einfach durch Zucker in ungesündesten Variationen ersetzt, z.B. durch industriell hergestellte Fruktose, die wahres Gift ist.

Die natürliche Fruktose ist genau richtig verpackt, in Obst mit vielen Ballaststoffen, von denen man nicht Unmengen isst, dagegen ist bereits im Obstsaft das Verhältnis schon ungünstig, deswegen sollten Säfte gemieden werden. Ab 25g pro Mahlzeit ist die natürliche Fruktose für jeden Menschen problematisch, es ist auch die häufigste Unverträglichkeit. Bei Verdacht auf Unverträglichkeiten sollten sie zuerst am besten den Wasserstoffatemtest auf Fruktosemalabsorbtion und Laktoseunverträglichkeit vornehmen lassen. Jetzt kommt's aber:

Industriell hergestellte Fruktose aus Maisstärke wird in bisher noch nie dagewesenen Dosen den Lebensmitteln zugesetzt. Fructose hat eine deutlich höhere Süßkraft als Glucose. Durch Verminderung des Glucoseanteils bei gleichzeitiger Vergrößerung des Fructoseanteiles kann die Süßkraft eines Sirups ohne Änderung des Substanzgehaltes deutlich gesteigert werden. Deshalb ist die Steigerung des Fructoseanteiles durch Umwandlung der Glucose wirtschaftlich, da eine vergleichbare Süßkraft mit geringerer Materialmenge erreicht wird - woraus Sie erkennen können, wie sehr dem Hersteller Ihr Wohlbefinden am Herzen liegt...

Das Problem: Produkte, die mit High Fructose Corn Syrup (HFCS) gesüßt wurden, erzeugen im Körper kein Sättigungsgefühl – ganz anders als nach dem Verzehr von einfacher Glukose (Traubenzucker) Fruktose-Glukose Sirup oder Glukose-Fruktose Sirup.

Es gibt Hinweise darauf, dass der Fruchtzucker bevorzugt als Fett eingelagert wird, vor allem in Form von Leberfett und viszeralem Bauchfett. Zu viel aufgenommene Fruktose kann grundsätzlich ab einem gewissen Punkt nicht mehr in Glukose umgewandelt werden. Fruktose wird dann alternativ in der Leber zu Fettsäuren verstoffwechselt und kann auf diese Weise die Anreicherung von Körperfett begünstigen. Im Gegensatz zur Glucose wird die Fructose weitgehend insulinunabhängig verstoffwechselt. Da Insulin indirekt einen Anteil an der Erzeugung des Sättigungsgefühls hat und zudem Fructose in höheren Mengen die Fettsynthese fördern soll, können durch den starken Einsatz von HFCS als Süßungsmittel Übergewicht, metabolisches Syndrom, Fettleibigkeit (Adipositas), Bluthochdruck, Gicht oder sogar chronische Nierenschäden entstehen sowie eine nichtalkoholische Fettleber. Und das schon bei Kindern! Ein enger Zusammenhang zwischen dem gesteigerten Konsum von Fructose (insbesondere in Form des HFCS) und dem Auftreten von Übergewicht, Fettstoffwechselstörungen, Bluthochdruck, erhöhten Harnsäurewerten und einer diabetischen Stoffwechsellage ist gesichert. Auch Depressionen können aufgrund des Tryptophanmangels folgen.

Um sich etwas Gutes zu tun sollte man auf Süßwaren und Zucker, sowie Alkohol weitestgehend verzichten.

Um nicht nur sich etwas Gutes zu tun sollte man den Fleischkonsum drastisch einschränken, und wenn man sich für Fleisch entscheidet, dann Biofleisch wählen. Es ist wirklich unerträglich was wir den Tieren antun, bevor wir sie essen. [74] Es ist auch nicht gesund für uns. Für nichts und niemanden, und auch nicht für den Planeten. Wie Sie sehen ist ganz viel los auf Ihrem Teller. Denn der stimmt drei Mal am Tag darüber ab, in was für einer Welt Sie leben wollen, wie es den Lebewesen darin ergeht, und auch woraus Ihr Körper bestehen soll.

Bevor Sie jetzt Ihren Körper zum allerheiligsten Tempel erklären, der nur auserlesenes Superfood verdient, lassen Sie sich gesagt sein, es gibt kein Superfood. Es gibt aber frische saisonale und regionale Produkte, hochwertige pflanzliche Fette, viele verschiedene Gemüse und Obst, und wenn Sie wollen Fleisch/Fisch in geringen Mengen und nicht aus Massentierhaltung/ Aquakultur, und reichlich zu trinken (Wasser, grünen Tee, Kräutertee) am besten 2-3 Liter am Tag. Wenn Sie abwechslungsreich, bunt und pflanzenbasiert essen, und Ihr Essen frisch zubereiten, dann ist das super. Das reicht dann auch.

Wenn Sie ein „Gesund Essen"- Neuling sind, helfen Ihnen vielleicht die folgenden Tipps um bestimmte Fehler bei Beginn zu vermeiden, die da sind:
- ich esse noch schnell das was da ist (einfach wegwerfen),
- und ich fange am Montag/ nächsten Monat etc. an.
Fangen Sie direkt an.

Es ist ein Fehler, es 100%-ig lassen, da man es sich zu kompliziert denkt und meint dadurch nicht anfangen zu können. Beginnen Sie direkt mit einer ersten Änderung. Z.B. lassen Sie Softdrinks oder Süßigkeiten oder verarbeitete Lebensmittel weg. Dazu gehört gerade zu Beginn, nicht zu viel auf einmal verändern zu wollen. Fragen Sie sich: „wovon profitiere ich am meisten?" z.b. „keine Limo mehr trinken", und fangen damit an, planen Sie dann im Anschluss weitere Schritte und deren Umsetzung. Denn langfristig kommen Sie ohne einen sehr konkreten Plan tatsächlich nicht weit.

Erstellen Sie wöchentlich einen Menüplan, z.B. immer in Ruhe sonntags, denn die Situation „es ist nichts zu essen da" und „ich weiß nicht was ich (gesundes) essen soll" sollte damit vermeiden werden. Planen Sie die Einkäufe und die Zeiten für die Lebensmittelzubereitung mit Blick auf den zu erwartenden Verlauf der kommenden Woche. Wenn Sie wissen, dass Sie ein langer, stressiger Tag mit ungewissem Ausgang erwartet, dann heißt das Zauberwort Meal Prep. Wenn Sie völlig zerschossen spätabends heimkommen, dann fangen Sie nicht an das Gemüse zu schälen…

Die Zubereitung erfolgt mit der Lebensmittelwaage, es ist zu Beginn etwas aufwendig, es geht aber darum, ein Gefühl für Portionsgrößen zu bekommen. Mit der Zeit kennt man diese und hat die Rezepte schnell parat, wenn Sie das mit der Nutzung einer Food Tracking App verbinden. Das Food Tracking findet VOR dem Essen statt: zur Bewusstwerdung des Nährgehalts und ggf. zur Modifikation des geplanten Essens, und auch um eine bewusste Auseinandersetzung mit dem Essen zu erreichen. Das machen Sie auch nicht bis Sanktnimmerleinstag, sondern ca. für 3 Monate, um tatsächlich klar zu sehen, was wann wie Sie essen und ein gutes Gefühl für Essensportionen zu erhalten. Die meisten Menschen unterschätzen völlig die Mengen, die Sie essen, und vergessen gern Snacks.

Noch ein paar Hinweise: Sie sollten niemals hastig im Stehen essen, sondern in Ruhe, bewusst und langsam kauen, sonst registriert der Körper es nicht als richtige Nahrungsaufnahme, und Sie essen tendenziell mehr – und es macht auch keinen Spaß wie ein Pelikan sein Essen zu schlingen, zumindest solange man kein Pelikan ist.

Für den Stoffwechsel sind 4-5 stündige Pausen zwischen den Mahlzeiten ein Segen, das Frühstück sollte man nicht ausfallen lassen, eher Dinner Cancelling betreiben.

Falls Ihnen etwas Ungesundes dazwischenkommt: bitte keine „jetzt ist eh egal"- Haltung und eine weitere Lawine von Essenssünden hinterher schieben. Es ist passiert und weiter geht es. Nur weil Sie mittags Schrott gegessen haben, schließt es einen guten Salat am Abend nicht aus. Aber: meiden Sie strikte Verbote. Planen „Leckereien" gelegentlich ein und essen diese dann mit Genuss.

Es geht nicht darum, nie wieder ein Stück Kuchen zu essen, sondern um die Etablierung der Gewohnheit sich generell bewusst und gesund zu ernähren, und Freude am Essen zu haben.

Fall noch wichtiger als das Essen in Ihrem Leben ist die Frage „mit wem?" Wir sind soziale Wesen, und der Umgang mit Menschen ist ein wesentlicher Bestandteil unseres Lebens. Die Menschen darin sollten weise gewählt werden (das habe ich schon in Kapitel 4 angedeutet), denn sie haben im Allgemeinen sehr viel Einfluss auf uns. Menschen, die Sie runterziehen oder das Schlechte in Ihnen hervorbringen, und die Ihre Grenzen nicht respektieren, sollten Sie rigoros aus Ihrem Leben entfernen und sich andere Personen suchen. Das klingt vielleicht zunächst sehr hart für manches Ohr, aber wir sind sehr situativ und beeinflussbar[75], und wenn Sie sich mit Menschen mit Problemen umgeben, dann werden diese bald zu den Ihren. Spielen Sie auch nicht den heldenhaften Retter, viele Menschen möchten nicht gerettet werden, sondern nur dass jemand anderes Ihre Probleme für sie trägt. Glauben Sie nicht, Sie sind so schlau wie Odysseus, um ungeschoren den Sirenen davonzukommen. Wäre Odysseus schlau gewesen, wäre er dort erst gar nicht langgeschwommen.

Suchen Sie sich Menschen, die dazu beitragen, dass Sie wachsen. Die für Sie da sind, ohne die Verantwortung für Sie zu übernehmen. Menschen, die Sie in Niederlagen trösten, aber auch Ihre Siege ohne Neid mit Ihnen Feiern. Menschen, die mit Ihnen viel Spaß haben

können, die Sie aber auch beiseite nehmen und ehrlich ermahnen, wenn Sie etwas ungemein Dummes tun. Menschen, die vielleicht wie Sie Ziele verfolgen, oder mit denen gemeinsam Sie sich für etwas engagieren können. Menschen, denen Ihr Wohlergehen ehrlich am Herzen liegt. Seien Sie selbst auch so ein Mensch.
Denken Sie daran: Sie können die Menschen um Sie herum nicht ändern, aber Sie können die Menschen um Sie herum ändern…

Ein weiterer Glücksbringer ist Bewegung. Bewegen Sie sich, am besten in der Natur, generell sollte Ihnen jedoch die Sportart, für die Sie sich entscheiden wirklich Spaß machen. Sport hilft, Kalorien zu verbrennen (ideal wären 1000 – 1500 aus sportlicher Betätigung bei mindestens 3-4 Mal in der Woche). Da wir Menschen sehr energieeffizient gebaut sind, wirkt Sport kalorientechnisch zwar keine Wunder, aber er baut Muskelmasse auf, die im Ruhezustand mehr Kalorien verbrennt als Fett, zudem verbessert Sport die Körperkomposition und das Körpergefühl. Gesundheitlich kommt desweiteren dazu, dass moderater Sport (auch hier macht die Dosis das Gift) hohen Blutdruck vermindert und die Gefäße elastisch hält, das Herz stärkt, die Kondition und das Immunsystem verbessert. Zudem fördert Sport auch das psychische Wohlbefinden durch Stressabbau, und bringt je nach Sportart auch Geselligkeit, und im Idealfall machen Sie ihn ja noch in der Natur, was an sich sehr wohltuend ist.

Gerade Anfänger sollten um „dranzubleiben" lieber jeden Tag etwas tun, und wenn es anfangs „nur" 15 Minuten sind, dafür aber wirklich täglich – und zur selben Zeit. Das spart Ihnen das Nachdenken, ob, wann und ob überhaupt, das Feilschen um die Ausnahmen und die Ausreden warum heute gerade nicht. Überlegen Sie sich einen Pool von Betätigung, und wählen Sie aus diesem flexibel nach Laune aus. Z.B. nicht immer hat man Lust auf Laufen oder Krafttraining, dann kann es auch eine Yogaeinheit sein. Was auch immer Sie machen, am besten ist es die Sporteinheit zwischen zwei bereits etablierten Gewohnheiten einzufügen, z.B. zwischen dem Aufstehen und Duschen. Am Morgen etwas für sich zu machen stärkt auch das

Gefühl der Selbstwirksamkeit, und gerade Sport bringt den Kreislauf in Schwung für den Tag besser als jeder Kaffee es könnte.

Und was sehr wichtig ist: „für viele Menschen ist körperliche Aktivität eine Schlüsselgewohnheit, die weiterreichende Veränderungen auslöst. „Sport strahlt auf andere Bereiche aus", sagt James Prochaska, Forscher an der Universität von Rode Island. „Er fördert auf irgendeine Weise die Entstehung anderer, positiver Gewohnheiten."[76]

ELF
GEWOHNHEIT

Sie haben es sicher schon gemerkt: das was Sie den ganzen Tag tun, wir weitgehend von automatisch ablaufenden Gewohnheiten gesteuert. Rainer Tschechne schreibt: „ Jede Gewohnheit wird immer zwei Zielen dienen. Sie wird zu den Menschen passen, die mit uns zusammenwohnen, und gleichzeitig wird sie in dieser Umgebung unser Leben erhalten und unsere wichtigsten Bedürfnisse befriedigen. Gewohnheiten müssen daher: 1. Für die Umwelt gewährleisten, dass sie in ihrem Funktionieren nicht gestört wird, und 2. Grundbedürfnisse erfüllen, also Leben erhalten, Essen, Trinken, Schlafen, Schutz vor Krankheiten und Verletzungen erreichen etc. Zuerst sorgen unsere Gewohnheiten dafür, dass wir z.B. in unsere Familie passen. Diese Familie wird sich kaum danach ausrichten, was für unsere Zukunft am erfolgversprechendsten wäre.[77] Viele der Gewohnheiten, die sich mir einprogrammiert haben, entsprachen den Interessen und der Struktur des Umfeldes, in dem ich mich befand, und sie versuchen das ganze Leben hindurch, mein Funktionieren durch ihr Weiterbestehen zu sichern. Jeder von uns muss daraus den Schluss ziehen: Der Sinn meiner Gewohnheiten ist gar nicht meine individuelle Weiterentwicklung. Sie sollen in erster Linie dazu dienen, dass ich in das Umfeld, in das ich hineingeboren wurde, so gut wie möglich hineinpasste. Hinzu kommt ein weiterer Nachteil: Weil ich in etwas hineingeboren wurde, dass schon lange ohne mich existiert hat, hatte ich keine Chance, die Regeln, nach denen ich mich richten musste, selbst aktiv zu gestalten."[78] Ich habe leider trotzdem die volle Verantwortung dafür. Und noch ein weiteres Problem: „Meine Gewohnheiten machen die Vergangenheit zur Zukunft."[79] Sie reproduzieren über Ihre Gewohnheiten die gleichen schädigenden Verhaltensweisen, Gefühle, Beziehungsstrukturen usw. bis Sie Ihr gewohntes „Glücksniveau" erreicht haben. Tschechne spricht hier von jahrzehntelanger Erfahrung als Therapeut: „Wenn ich vorhersagen möchte, wie sich ein Mensch aus meiner Umgebung morgen verhalten wird, erziele ich mittlerweile eine hohe Trefferquote. Sie ist umso höher, je genauer ich weiß, wie er sich gestern verhalten hat. Die Annahme: Ein Mensch ändert sich nicht. Er wird sich in Zukunft so verhalten, wie er sich in der Vergangenheit verhalten hat, stimmt sehr häufig. Damit ist nicht gesagt, dass Menschen sich nicht verändern können. Nur, die Regel ist- leider oder Gott sein dank-, dass sie es nicht tun. […] Sie haben vielleicht gemerkt, dass ich oben gesagt habe: Die meisten Menschen verhalten sich morgen so, wie sie sich gestern verhalten haben. Ich habe nicht gesagt: Sie verhalten sich so, wie sie sich gestern verhalten wollten. Ich habe auch nicht gesagt: Sie wollen sich so verhalten, wie sie sich gestern verhalten haben."[80]

Der Grund dafür sind die tief eingespurten Gewohnheiten in uns: „ Es regiert das Programm, das sich einmal als Gewohnheit festgesetzt hat. Die Gewohnheit steht gegen die Vernunft, die Einsicht und den Willen. Alles, was wir bewusst und geplant an unserem Verhalten verändern wollen, trifft auf natürliche Hürden, die es schwer umsetzbar machen. Geben Sie sich deshalb mildernde Umstände, wenn Sie Ihre Gewohnheiten optimieren wollen. Ihre Natur stellt sich dem Vorhaben entgegen. Ihr Sicherheitsbedürfnis, das an allem festhalten will, was sich bis jetzt stabil eingespielt hat; Ihre Grundbedürfnisse und Instinkte, die einem jahrtausendealten Programm folgen, und Ihre biologische Konstruktion, die unüberwindliche Grenzen der Selbstkontrolle und Gehirnleistung setzt: Das sind ihre Grundlagen, und es hat keinen Sinn, sie zu ignorieren."[81]

Es überrascht von daher nicht, dass das beste Mittel gegen Gewohnheit, Gewohnheit ist. Gegen Gewohnheit hilft nur Gewohnheit, weil sie den Platz derjenigen einnimmt, die Sie unbewusst etabliert haben, und die unter Umständen zu Ihrem aktuellen Unglück beiträgt. Eine Gewohnheitsschleife besteht aus einem Auslösereiz, einer Routine (Verhalten), und einer Belohnung. Das ist ein elementarer Lernprozess. Die Gewohnheit entsteht nur dann, [wenn ein Verlangen verspürt wird, wenn der Auslösereiz bloß gesehen bzw. sonstwie wahrgenommen] wird. [...] Neue Gewohnheiten entstehen dadurch, dass man einen Auslösereiz, eine Routine und eine Belohnung zusammenfügt und dann ein Verlangen verstärkt, das die Schleife antreibt. Nehmen wir zum Beispiel das Rauchen. Wenn ein Raucher einen Auslösereiz sieht – sagen wir zum Beispiel eine Schachtel Marlboro-, antizipiert sein Gehirn einen Nikotinschub. Bereits der Anblick von Zigaretten genügt, damit sich das Gehirn nach einem Nikotinrausch sehnt. Wenn sich dieser nicht einstellt, nimmt das Verlangen zu, bis der Raucher, unwillkürlich, nach einer Zigarette greift. [...] *Dies erklärt, weshalb Gewohnheiten so mächtig sind: Sie erzeugen ein neuronal verankertes Verlangen.* [...] Besonders starke Gewohnheiten erzeugen suchtartige Reaktionen, so dass „aus Wünschen ein zwanghaftes Verlangen wird", das unsere Gehirne in den Autopiloten zwingt, „selbst angesichts starker negativer Anreize wie Verlust von Ansehen, Arbeitsplatz, Haus und Familie.""[82]

Die gute Nachricht, man kann Gewohnheiten ändern (allerdings nicht beseitigen). „Die Regel lautet: Wenn man den gleichen Auslösereiz benutzt und die gleiche Belohnung gewährt, kann man die Routine wechseln und die Gewohnheit ändern. [...] Der Auslösereiz muss nicht nur eine Routine, sondern auch ein Verlangen nach der künftigen Belohnung erzeugen."[83]

Das Vorgehen, Gewohnheitsschleifen zu verändern besteht aus folgenden Schritten:

- Die Routine identifizieren
- Mit Belohnungen experimentieren
- Den Auslöser isolieren (meist Standort, Uhrzeit, emotionaler Zustand, andere Menschen, unmittelbar vorangehende Handlung)
- Einen Plan aufstellen: Implementation Intentions = Durchführungsintentionen im Vorfeld ausformulieren, nach dem Schema „wenn x, dann werde ich yz tun."[84]

Eine kleine Warnung oder besser ein Hinweis zur Verhaltensänderung. Duhigg schreibt: „Forscher begannen herauszufinden, dass es bei vielen Menschen recht gut funktioniert, Gewohnheiten zu ersetzen, bis starke psychische Belastungen […] auftreten. Dann greifen Alkoholiker oftmals wieder zur Flasche. Wissenschaftler fragten, weshalb die Ersetzung von Gewohnheiten, wenn sie sonst so effektiv ist, in solchen kritischen Momenten scheitert. […] sie fanden heraus, dass Ersatzgewohnheiten nur dann zu dauerhaften neuen Verhaltensweisen werden, wenn sie mit etwas anderem einhergehen. […] [Dieses Element war Glaube.] Selbst wenn man Menschen bessere Gewohnheiten beibringt, beseitigt dies nicht die Ursache dafür, dass sie überhaupt zu trinken angefangen haben. Irgendwann haben sie einen schlechten Tag, und keine neue Routine wird dafür sorgen, dass alles in Ordnung zu sein scheint. Da kann der Glaube, ohne Alkohol Stress bewältigen zu können, durchaus etwas bewirken."[85] Meines Erachtens erfordert das ein nicht nur verändertes Verhalten, sondern ein verändertes Selbstbild, welches sich als selbstwirksam in der Erreichung seiner Ziele und Einhaltung seiner Werte wahrnimmt. Das geschieht nicht über Nacht, und wird besonders in emotional schwierigen Zeiten erschüttert (Regress durch extreme Stressbelastung in frühe, fester etablierte Verhaltensweisen, die dann „besser" abrufbar sind), wenn die Amygdala die Kontrolle übernimmt. Hier schließt sich der Kreis zum Bewusstsein.

Was Ihnen zudem von Nutzen sein kann ist eine erhöhte Willenskraft (oder: Selbstbeherrschung, Durchhaltevermögen), da sie sich auf alle Lebensbereiche auswirkt. Das Marshmallow-Experiment der Stanford

University dürfte sich rumgesprochen haben, es zeigt, dass es letztlich um die Fähigkeit geht, Gratifikation aufzuschieben, und dass es sich dabei um eine erlernbare Fähigkeit handelt: „Die Kinder, die die Marshmallows ignorieren konnten, besaßen offenbar selbstregulatorische Kompetenzen, die ihnen ihr ganzes Leben von Nutzen waren."[86] Willenskraft ist trainierbar an kleinen Dingen, z.B. das Bett machen, kleine Tätigkeiten gewissenhaft ausführen, wie z.B. den Tisch decken, beim ersten Weckerklingeln sofort aufstehen, etc.

Sie ist trainierbar wie ein Muskel, erschöpft sich aber auch bei Nutzung im Laufe des Tages, darum scheitern Diäten meist abends und man streitet sich auch gern mit dem Partner nach der Arbeit.

Das liegt daran, dass die Willenskraft aus einem Tank für alles gespeist wird, und dieser wird geleert durch:

- Stress
- Entscheidungen
- Emotionale Kontrolle
- Selbstbeherrschung
- Übermüdung
- Hunger
- Befehlsempfänger sein, statt selbstbestimmt agieren

Wenn von vornhinein nicht viel drin war, ist der Tank schnell leer. Sie können Ihre Willenskraft durch Training und vorausschauenden Umgang damit stärken. Nur wenn Sie den Tank füllen, ist etwas drin. Wenn Sie nur mit dem Finger an der Tankanzeige ziehen, bringt das nichts.

Sie haben sich durch Inkonsequenz selbst beigebracht, sich selbst nicht ernst zu nehmen, es wird Zeit das umzukehren. Das Gefühl der eigenen Selbstwirksamkeit (welches eng mit echtem Selbstwert gekoppelt ist) – nimmt Schaden, man hält sich für unfähig, wenn man sich immer wieder Dinge vornimmt, um sie dann doch gleich ganz zu lassen. Ein Gefühl der Selbstwirksamkeit stellt sich erst ein, wenn Sie antizipieren können, das Ihre Vorhaben, denen Sie sich zuwenden, und für die Sie verantwortlich sind, Ihnen (aus Erfahrung) tatsächlich meistens gelingen. Rückschläge und Fehltritte kommen unweigerlich, Scheitern ist aber ganz aufzugeben. Es wird niemals perfekt sein, wir sind keine Roboter.

Wichtig um Ihre Willenskraft zu stärken: treffen Sie viele Entscheidungen einmalig, nach dem Schema wenn Situation x, dann tue ich y, um sich zu entlasten und eine Handlungsanleitung parat zu haben, gerade für schwierige Situationen. Oder wenn Sie festlegen, jeden Tag Sport machen, so müssen Sie das nicht jeden Tag auf neue entscheiden und Kämpfe mit sich ausfechten, ob und wann und ob überhaupt.

Wichtig ist es, aus den neuen Verhaltensweisen Gewohnheiten zu machen, die kein Nachdenken und keine Willenskraft mehr erfordern, das entlastet die Willenskraft. Wir sind als Menschen sehr situativ und heutzutage nicht (mehr) in einem neutralen Umfeld, sondern in einem, welches uns permanent zu beeinflussen versucht (Stichwort Smartphone). Die Willenskraft allein reicht nicht aus, um zu bestehen, schon gar nicht, wenn sie nicht gut ausgebildet ist.
Heerscharen von Psychologen, Ingenieuren, Chemikern, Programmierern tüfteln daran, dass Sie nicht vom Spielautomaten ablassen können (Stichwort Smartphone passt hier auch), an der Fressformel (50% Kohlenhydrate 35% Fett & Salz = Chips), an Ihrem Kaufverhalten und wie es beeinflusst werden kann... Eine ganze Industrie kreiert Produkte von denen wir nicht lassen können und die ungesund sind, erwischt uns mit runtergelassener Hose auf dem Klo, um uns im schwachen Moment ein Produkt anzudrehen, und zeichnet unablässig unser psychologisches Profil auf, um uns noch besser manipulieren zu können, und wird dabei niemals müde. Sie aber schon. Also: manipulieren Sie ihr Umfeld und äußere Einflussfaktoren zu Ihren Gunsten und überlegen Sie sich im Vorfeld Strategien, die Ihre Interessen schützen. Und bedenken Sie „nicht dort lang schwimmen" ist klug, denn die Willenskraft ist endlich.

Machen wir ein Beispiel, angenommen Sie möchten nicht mehr wahllos Süßkram in sich schaufeln. Unternehmen Sie alles, um auszuprobieren, was Ihnen am besten hilft, es zu lassen:

- nicht im Haus vorrätig haben
- nicht anfangen zu essen (es ist leichter auf den ersten Bissen zu verzichten, als auf die weiteren, denn das (Steinzeit-) Hirn merkt „hey das ist ja süß, her damit, wer weiß ob es später noch was gibt"
- Aufmerksamkeit ablenken für 20 Minuten, das Gehirn „vergisst" danach das Thema
- Alternativen zum Naschen bereithalten und sich sagen: „wenn es wirklich Hunger ist, dann esse ich diesen Apfel o.ä."
- bei Süßkram denkt das Gehirn an sofortige Belohnung und weckt das Verlangen danach. Malen Sie sich bunt die langfristigen negativen gesundheitlichen Folgen aus, und auch wie sehr Sie sich über sich ärgern werden, nachdem Sie den ganzen Mist gegessen haben. Die vermeintliche Belohnung wird dadurch weniger attraktiv.
- Überlegen sie im Vorfeld Handlungsalternativen, die Sie beim Schlüsselreiz direkt anwenden können: z.B. anstatt aus Frust zu essen, rufe ich eine Freundin an, mache ich eine kurze Meditation, spiele mit meinem Hund etc.
- Hier beobachten Sie natürlich Ihre Nasch-Gewohnheitsschleife und identifizieren die eigentlichen emotionalen Bedürfnisse dahinter, die Sie ggf. anders befriedigen können.

Schauen Sie, was für Sie am besten funktioniert und bleiben Sie dran. Und naschen Sie ab und an mit Genuss und Freude, wir sind ja keine Roboter. Aber dann essen Sie, weil Sie es wirklich essen wollen, das ist der Unterschied ;)

ZWÖLF
AD REM

Jetzt fragen Sie sich: Warum kommt die erst jetzt zur Sache? Zugegebener Maßen, weil es ohne einige grundlegende Einsichten nicht funktioniert. Wir haben ein falsches Selbst-verständnis, welches uns zwar immerzu schmeichelt, aber nicht von Nutzen ist. Ganz im Gegenteil. „ Schaut man sich ökonomische Lehrbücher an, dann liest man dort, dass dieser Homo oeconomicus denkt wie Albert Einstein, Informationen speichert wie IBMs Supercomputer *Big Blue* und eine Willenskraft hat wie Mahatma Ghandi. Die Leute die wir kennen, sind freilich nicht so. Echte Menschen haben ohne Taschenrechner Schwierigkeiten mit der Division, vergessen manchmal den Geburtstag ihres Ehepartners und haben am Neujahrsmorgen einen Kater."[87] In unseren eigenen Köpfen ist es nicht anders. Wir halten uns selbst (unhinterfragt) für super, und alle anderen für doof, und glauben genau zu wissen, was wir warum tun, und warum das richtig und moralisch ist. Dabei haben wir gelinde gesagt keine Ahnung, wie wir geprägt wurden, und was uns wirklich antreibt und welchen Zwängen wir unterliegen. Wir haben keine Ahnung, dass wir uns selbst a priori und unbegründet (!) für moralischer und besser als die anderen halten. Dabei haben wir keine Vorstellung davon, wie unser eigenes Hirn funktioniert und was es gerade mit uns anstellt, und welche grundlegenden Anforderungen an uns daraus erwachsen. Wir halten unsere Gedanken für wahr und richtig, dabei sind die so oft kümmerlich und schlicht falsch, und dennoch bestimmen sie unser Leben. Es gibt diesen schönen, einer Quelle nicht eindeutig zuzuordnenden Ausspruch, der es auf den Punkt bringt:

„Achte auf deine Gedanken, denn sie werden Worte, achte auf deine Worte, denn sie werden Handlungen, achte auf deine Handlungen, denn sie werden Gewohnheiten, achte auf deine Gewohnheiten, denn sie werden dein Charakter, achte auf deinen Charakter, denn er wird dein Schicksal."

Da wir aber glauben zu wissen, kommen wir nie wirklich in die Verlegenheit zu sehen, was ist. Um klar zu sehen was ist brauchen Sie Fachwissen, echte Einsicht, die meist mit Demut einhergeht, die Bereitschaft, sich mit schmerzlichen Dingen auseinanderzusetzten und den Willen aktiv Dinge in Ihrem Leben zu gestalten. Dauerhaft. Das ist kein 14 Tage Quick-Fix-Programm, Sie erfahren grundlegende Veränderungen tief in Ihrem Inneren, die Sie etablieren und pflegen müssen... zumindest bis diese zur Gewohnheit werden. Sie müssen auch grundlegende Wahrheiten akzeptieren, z.B. dass Grundbedürfnisse so heißen, weil sie es sind, und wenn Sie diese ignorieren, werden Sie damit auf die Nase fallen. Deswegen finden Sie in einem Buch über Seelenfrieden auch Hinweise zum Schlaf, Essen und Bewegung, denn das ist integraler Bestandteil. Wir sind körperliche Wesen, und alles ist miteinander verwoben und wirkt sich aufeinander aus.

Äußerst hilfreich klar zu sehen, aber auch zu erkennen, wie verwoben alles miteinander ist, ist die Meditation. Am bekanntesten ist die Definition der Meditation von Jon Kabat-Zinn: „Achtsamkeit beinhaltet, auf eine bestimmte Weise aufmerksam zu sein: bewusst, im gegenwärtigen Augenblick und ohne zu urteilen." Sie beobachten „was es in Ihnen denkt", ohne dem anzuhaften, etwas damit tun zu müssen und ohne darin aufzugehen. Sie sehen sich beim Denken zu und erkennen, dass es bloß Konstrukte Ihres Geistes sind, denen Sie Bedeutung zumessen, wobei diese dann eine bestimmte Wirkung auslöst. Sie sind gewahr, ohne etwas zu unternehmen, nur als Beobachter, das hilft Ihnen, Distanz zu Ihren eigenen Gedanken zu gewinnen, und sich von ihnen nicht vereinnahmen zu lassen. Sie lernen, die Dinge anzunehmen, wie Sie sind und damit gelassen zu sein.

In Forschungslabors konnte gezeigt werden, dass bereits relativ kurzfristige Meditation an ungeübten Probanden messbare Veränderungen des Gehirns bewirkt, wobei meditationsgeübte Mönche diese Veranstaltung rockten: „ Während der Meditation über Mitgefühl [auch bekannt als Loving Kindness, Liebende Güte oder

Metta-Meditation] zeigte sich bei den meisten erfahrenen Meditierenden ein dramatischer Anstieg der hochfrequenten Gehirnaktivität oder Gammawellen, und zwar „in einer Art und Weise, wie sie in der neurowissenschaftlichen Literatur noch nie zuvor beschrieben worden ist", berichtet Richard Davidson. [...] „Wir haben herausgefunden, dass sich der geschulte Geist beziehungsweise das geschulte Gehirn von einem untrainierten *physisch* unterscheidet. Es wird nicht lange dauern, bis wir die potenzielle Bedeutung der Geistesschulung verstehen und dadurch die Wahrscheinlichkeit, dass man sie ernst nimmt erhöhen werden."[88] Ricard schreibt:

„`Zehntausend Stunden´ hört sich vielleicht entmutigend an und mag den meisten von uns gänzlich unerreichbar vorkommen, doch es gibt tröstliche Neuigkeiten. Eine von Richard Davidson, Jon Kabat-Zinn und anderen veröffentlichte Studie hat gezeigt, dass sich im Verlauf eines dreimonatigen Meditationstrainings bei viel beschäftigten Angestellten einer Biotechnologie-Firma in Madison die Stirnlappenaktivität signifikant von rechts nach links verschob. [= was einfach gesagt bedeutet: sie wurden glücklicher] auch das Immunsystem dieser „Meditationslehrlinge" wurde gestärkt.[89] Meditation wirkt sich gesundheitsfördernd auf den gesamten Körper aus, nicht nur durch die bessere Stressresilienz des Gehirns, sondern auch durch die positive Stimulierung des Vagusnervs (Ruhe- und Enstpannungsnervs), welcher wiederum positive gesundheitliche Auswirkungen auf körperlicher Ebene anstößt. Die Meditation wirkt sich laut manchen Untersuchungen sogar auf die Länge der Telomere aus, d.h. sie wirkt bis auf die Zellebene, und in dem Falle verjüngend. Wenn Sie so wollen ist Meditation die Urquelle des responsive Mode.

Ich hoffe Sie haben mit den Anleitungen aus Kapitel 9 schon etwas mit dem bewussten Erleben des responsive Mode gespielt. Das mit den guten und positiven Gefühlen soll uns jetzt nämlich vorwiegend beschäftigen.

Und auch hier spielt die Meditation eine große Rolle. Barbara Fredrickson konnte in ihrer Forschung im Rahmen der „Broaden-and-Build" Theorie[90] zeigen, dass allein 80-90 Minuten Metta-Meditation in der Woche sich extrem günstig auf das positive Empfinden auswirken, welches wiederum „uns die Gelegenheit [gibt], eine neue Ebene unseres Seins zu betreten: unseren Geist zu erweitern (broaden) und uns eine neue Zukunft aufzubauen (build). [...] Die neueste Wissenschaft zeigt, dass unsere täglichen emotionalen Erfahrungen den Verlauf unseres Lebens [und unsere Gesundheit, unser Gehirn und selbst das Genom] beeinflussen."[91]

Je mehr Freude, Dankbarkeit, Heiterkeit, Interesse, Hoffnung, Stolz, Vergnügen und Liebe (die schauen wir uns später noch gesondert an) Sie im Verhältnis zu Ihren negativen Emotionen erleben, desto offener sind Sie, Ihr Bewusstsein erweitert sich, Sie sind kreativer, aber auch hilfsbereiter und voller Mitgefühl. Fredrickson sagt: „Eine positive Lebenseinstellung macht uns zu besseren Menschen. Indem wir unsere Herzen und unseren Geist öffnen, können wir neue Fähigkeiten, neue Bande, neues Wissen und neue Möglichkeiten unseres Seins entdecken, ausloten und aufbauen."[92]

Für das Verhältnis von negativen zu positiven Gefühlen (wobei auch Fredrickson sagt, dass die negativen naturgemäß schwerer wiegen) hat sie zusammen mit Marcial Losada einen Quotienten bestimmt. Sie nennt ihn Positivity Ratio.[93] Liegt das Verhältnis 1:1 oder darunter, dann ist von einer Depression auszugehen, bei 2:1 dümpelt man so vor sich hin – diese beiden Gruppen vereinen leider ca. 80 % der Testergebnisse. Erst ab einem Quotienten von 3:1 beginnt das Wachsen und Aufblühen, und der Unterschied ist nicht graduell. Sondern wie sie sagt: „wie zwischen Wasser und Eis", die positiven Gefühle setzen ab einer bestimmten „Dosis" eine Aufwärtsspirale in Gang, die ein diametral anderes Leben ermöglicht. Auch hier haben wir eine Dichotomie, die als roter Faden schon das gesamte Buch durchzieht. Und noch einen roten Faden gibt es: „Tatsächlich hat die aktuelle Forschung ergeben, dass eine dauerhafte Veränderung des positiven Quotienten ebenso viel festen Willen, Anstrengung und eine Veränderung des eigenen Lebensstils erfordert wie eine Diät oder das Senken des eigenen Cholersterinspiegels."[94]

Es gilt also auch hier: ex nihilo nihil, und da ohne Liebe alles nichts ist, betrachten wir jetzt die Liebe. 2.0. „Neue Wissenschaft beleuchtet zum ersten Mal, wie Liebe und ihre Abwesenheit die Biochemikalien, von denen Ihr Körper durchtränkt ist, grundlegend verändert. Die Liebe, die Sie heute erleben oder nicht erleben, kann in der nächsten Saison und im nächsten Jahr wichtige Aspekte Ihrer Zellarchitektur buchstäblich verändern - Zellen, die Ihre körperliche Gesundheit, Ihre Vitalität und Ihr allgemeines Wohlbefinden beeinflussen. Auf diese Weise und darüber hinaus, genauso wie Ihr Vorrat an sauberer Luft und nahrhaftem Essen vorhersagt, wie lange Sie auf dieser Erde wandeln werden – und ob Sie gedeihen oder einfach nur über die Runden kommen –, so tut es auch Ihr Vorrat an Liebe."[95]

Für Fredrickson ist Liebe nicht auf sexuelles Verlangen, Verwandtschaft, oder den erwählten besonderen Bund mit einem einzigen Liebespartner beschränkt: „Wenn Sie Ihre Sicht der Liebe auf Beziehungen oder enge Bindungen beschränken, wird Liebe zu einem komplexen und verwirrenden Dickicht von Emotionen, Erwartungen und Unsicherheiten. Doch wenn Sie Ihren Blick auf die Definition Ihres Körpers von Liebe richten, entsteht ein klarer Weg, der durch dieses Dickicht führt und Sie zu einem besseren Leben führt. […] Ich muss Sie bitten, sich auch von einigen Ihrer am meisten geschätzten Überzeugungen über die Liebe zu lösen: die Vorstellung, dass Liebe exklusiv, dauerhaft und bedingungslos ist. Diese tief verwurzelten Überzeugungen sind im Leben der Menschen oft mehr Wunsch als Realität. […] Liebe ist, wie Sie sehen werden, nicht von Dauer. Sie ist tatsächlich viel flüchtiger, als die meisten von uns wahrhaben möchten. Auf der anderen Seite ist Liebe jedoch immer erneuerbar. Und vielleicht noch schwieriger zu akzeptieren ist es, dass sie nicht bedingungslos ist. Sie taucht nicht auf, egal was passiert, unabhängig von den Bedingungen. Im Gegenteil, Sie werden sehen, dass die Liebe, nach der sich Ihr Körper sehnt, äußerst sensibel auf kontextuelle Hinweise reagiert. Die Liebe folgt bestimmten Voraussetzungen. Doch sobald Sie diese Voraussetzungen verstanden haben, können Sie jeden Tag unzählige Male Liebe finden."

Laut Fredrickson ist Liebe: „ein momentaner Aufstieg von eng verwobenen Ereignissen: erstens das Teilen einer oder mehrerer positiver Emotionen zwischen Ihnen und einem anderen; zweitens eine Synchronität zwischen Ihrer Biochemie und Ihrem Verhalten und dem der anderen Person; und drittens ein reflektiertes Motiv, in das Wohl des anderen zu investieren, das gegenseitige Fürsorge hervorbringt. Meine Abkürzung für dieses Trio ist positivity resonance."[96]

Es sind zwar nur flüchtige Mikromomente, die aber in ihren Auswirkungen auf uns, wenn sie entsprechen häufig und regelmäßig vorkommen, von großer und verändernder Kraft sind. Dieses Verständnis von Liebe, welche an bestimmte (auch körperliche) Bedingungen und ein bewusstes und offenes sich Einlassen auf die Verbindung mit dem Gegenüber basiert, erklärt zudem sehr gut, warum manche Ehen bloße leere Hülsen sind, während Sie echte Nähe und tiefe Verbundenheit mit einem Fremden empfinden können. Diese Art der Verbindung entsteht zwar manchmal spontan, aber wie bereits gesagt worden ist, sie ist an Voraussetzungen geknüpft - eine davon ist Sicherheit. Wenn Sie keine Sicherheit empfinden, ist das Empfinden von Liebe nicht möglich. Wenn Sie nicht körperlich (maximal ist es noch in video- oder telefonischen Gesprächen in Echtzeit möglich) und auch emotional nicht anwesend sind, so werden Sie keine nennenswerte Verbindung herstellen können.

So folgert Fredrickson richtig: „diese neue Sichtweise sagt es uns mit einiger Dringlichkeit, [Liebe] ist etwas, das wir jeden Morgen, jeden Nachmittag und jeden Abend rekultivieren sollten. Liebe als positivity resonance zu sehen motiviert uns, uns öfter zu umarmen oder eine inspirierende oder alberne Idee oder ein Bild beim Frühstück [mit dem Partner] zu teilen. [Um in echter Verbindung zu sein.] Auf diese kleine Weise pflanzen wir zusätzliche Samen der Liebe, die unserem Körper, unserem Wohlbefinden und unserer Ehe helfen, stärker zu werden."[97]

Und dann kommen noch unzählige Augenblicke in Ihrem Tag dazu, wo Sie mit allen Menschen (und ich bin fast geneigt zu sagen: und auch mit Tieren) diese Verbindung herstellen können.

Mir fällt in dem Zusammenhang ein Zitat von Virginia Satir ein: „Wir brauchen vier Umarmungen am Tag, um zu überleben. Wir brauchen acht Umarmungen am Tag, um uns selbst zu versorgen. Wir brauchen zwölf Umarmungen am Tag, um erwachsen zu werden." Sie ahnte es intuitiv, dass wir echte Verbindung und liebevolle Nähe brauchen, um unser volles Potential zur Entfaltung und zum Aufblühen zu bringen, um es dann als „echte" Erwachsene mit anderen teilen zu können. Das macht uns zu besseren Menschen und ist gut für andere.

Ich liebe es, wenn alle Fäden zusammenlaufen : D

DREIZEHN
SLEEP, EAT, MEDITATE, LOVE, REPEAT

Wie wir also sehen können, sind „positive" Emotionen richtig knorke, und viele und gute auf täglicher Basis davon zu haben ist sehr sehr erstrebenswert. In diesem Buch fanden Sie viele Hinweise und aktuelle Forschungsergebnisse, wie dies zu bewerkstelligen ist, und welche Faktoren notwendig sind, um positive Gefühle authentisch erwecken und erleben zu können, um dadurch auch als Mensch zu wachsen.

Sorgen Sie gut für sich, körperlich und seelisch. Achten Sie auf Ihren Schlaf, Ihre Ernährung und Ihre Gewohnheiten. Prüfen Sie Ihr Verhalten, ob es dem guten Bild, das Sie von sich selbst haben auch wirklich entspricht. Meditieren Sie. Seien Sie offen, dankbar für alles, das Sie haben und geizen Sie nicht mit Zuneigung, suchen Sie die Nähe positiver und konstruktiver Menschen und engagieren Sie sich für etwas das größer ist als Sie selbst.

Gehen Sie in die Natur. Halten Sie inne. Lauschen Sie. Nehmen Sie einfach wahr. Atmen Sie tief ein. Stellen Sie sich vor, wie jedes Lebewesen, jeder Mensch, jedes Tier, jede Pflanze auf diesem Planeten zur selben Zeit wie Sie gerade atmet, wie Sie im Atem mit allen Lebewesen verbunden sind. Wir sind Teil eines großen Ganzen, und in der Natur gelangen wir am besten in Kontakt mit dieser Wahrheit, dort ist alles miteinander verwoben und bedingt einander. Wir alle wollen leben und glücklich sein und Leid vermeiden. Jeder kann dazu beitragen, auch Sie. Ich wünsche Ihnen viel Freude dabei.

INHALTSVERZEICHNIS

LITERATUR- UND QUELLENVERZEICHNIS

Hinweis zu den Zitaten: meine Einfügungen /Veränderungen oder Auslassungen […] sind stets durch eckige Klammern gekennzeichnet. Hervorhebungen im Text sind die der Autoren, oder als „von mir" - wenn abweichend - gekennzeichnet. Die Rechtschreibung wurde ggf. modernisiert. Alle Übersetzungen ins Deutsche sind von mir. Bei Internetseiten steht das Datum des aktuellsten Aufrufs. Ich kann den Kauf der hier genannten Titel wärmstens empfehlen.

---

[1] De Mello, Anthony: „Der Springende Punkt. Wach werden und glücklich sein." Herder, Neuausgabe 2011. S. 93 (Originaltitel, der nicht nach Glückskeks klingt, ist übrigens: Awareness. Und zutreffender.)

[2] Roth, Gerhard: Wie entsteht Persönlichkeit? In Tagesspiegel: https://www.tagesspiegel.de/wissen/was-kinder-praegt-fruehkindliche-einfluesse-hinterlassen-spuren-im-gehirn/11876126-2.html aufgerufen am 22.03.2020 (Faszinierend in dem Kontext sind auch die Forschungen im Bereich der Epigenetik)

[3] Ebenda.

[4] Jahn, Izabela Luiza: Von Gestörten muss man sich fernhalten. BOD 2019. S .112

[5] In meinem o.g. Buch gehe ich sehr ausführlich auf all diese Phänomene ein. Es handelt u.a. auch davon, wie sich durch bestimmte bewusste Entscheidungen und gezielte Veränderungen des Denkens und Verhaltens ein diametral anderes Leben führen lässt. Hier geht es um die Techniken, die Verdrängung abzulegen, Glaubenssätze sichtbar zu machen und zu lernen, wie auf Emotionen Einfluss genommen werden kann, und wie man toxische Menschen handhabt, aber auch glückliche Beziehungen führt.
Die Psychologie erlaubt eine bestimmte Ebene der Selbsterkenntnis, ohne die tatsächlich alles nichts ist. Wir leben mechanisch, gefangen

in ungesunden Verhaltensmustern, und wissen nicht wie uns geschieht. Das Buch richtet sich an alle, die in unglücklichen Beziehungen feststecken, oder in ihrer persönlichen Entwicklung nicht vorankommen oder immer am selben Punkt scheitern, oder aber ihre Beziehungen einfach besser leben wollen, wozu Selbsterkenntnis das Instrument der Wahl ist. Aber eben nicht der Weisheit letzter Schluss. Darum lesen Sie jetzt dieses hier.

[6] Peterson, Jordan: „Jordan Peterson on how to free your soul from the past W/Joe Rogan." https://youtu.be/U_tJTAgHiPo Übersetzung ins Deutsche von mir. Aufgerufen am 08.09.2020 Hervorragendes kurzes Video, ich kann das Anschauen nur empfehlen.

[7] Covey, Stephen R.: Die sieben Wege zur Effektivität. Ein Konzept zur Meisterung Ihres beruflichen und privaten Lebens. Campus. 1996. S.30-31 Hervorhebung von mir.

[8] Peterson, Jordan: „Jordan Peterson on how to free your soul from the past W/Joe Rogan." https://youtu.be/U_tJTAgHiPo Übersetzung ins Deutsche von mir.

[9] Jahn, Izabela Luiza: Von Gestörten muss man sich fernhalten. BOD 2019

[10] Covey, Stephen R.: Die sieben Wege zur Effektivität. Ein Konzept zur Meisterung Ihres beruflichen und privaten Lebens. Campus. 1996. S.80

[11] Ebenda S.69

[12] Ebenda S73

[13] Ebenda S.76

[14] Frankl, Viktor

[15] David Schnarch: Die Psychologie sexueller Leidenschaft. Piper 2015.

[16] „Kto z kim przystaje takim sie staje."

[17] Am besten ist, Sie erstellen eine Liste von Menschen, auf deren Meinung Sie ernsthaft Wert legen, weil diese es sich verdient haben und lassen alle anderen außer Acht.

[18] Siehe Seite 13 und in „Von Gestörten muss man sich fernhalten"

[19] Warner Bros.: Big Bang Theory, Staffel 7 Folge 1 dt. „Drinks von Fremden" ab Minute 15.

[20] Brown, Brené: Verletzlichkeit macht stark. Wie wir unsere Schutzmechanismen aufgeben und innerlich reich werden. Goldmann 2017. S.186

[21] Gottman, John: Die 7 Geheimnisse der glücklichen Ehe. Ullstein 2012- S. 257

[22] Ebenda S. 277-278 Hervorhebungen von mir.

[23] Ebenda S. 226-227

[24] Ebenda S. 229

[25] Ebenda S. 223

[26] Grawe, Klaus: Neuropsychotherapie. Hofgrewe 2004. S. 185f

[27] Hanson, Rick: Denken wie ein Buddha. Gelassenheit und innere Stärke durch Achtsamkeit. (Originaltitel: Hardwiring Happiness). Heyne 2018. S. 23 Hervorhebungen von Hanson.

[28] Ebenda. S. 28

[29] Ebenda. S. 46

[30] Ebenda. S. 39

[31] Ebenda. S. 39

[32] Ebenda. S. 43

[33] Ebenda. S. 40

[34] Ebenda. S. 45

[35] Ebenda. S. 40 Hanson nimmt hier Bezug auf Forschungsergebnisse von Gottman und Fredrickson, darauf kommen wir in diesem Buch auch noch ausführlicher zu sprechen.

[36] Ebenda. S. 41-42

[37] Brzezinski, Milosz: „#16 Zyciologia, czyli jak ogarniac poza praca. Milosz Brzeziniski cz.2." Podcast „Wysoko wydajni" von Michal Kowalczyk. https://youtu.be/bdGbDrZKenQ ab Minute 33. Aufgerufen am 20.12.2020

[38] Cloud, H.; Townsend, J.: „Nein sagen ohne Schuldgefühle. Gesunde Grenzen setzen.SCM Hänssler. 2017. S. 169

[39] Da gibt es einen sehr schönen Beitrag zum Thema Vertrauen wiederherstellen bei WikiHow, ich habe ihn bei Recherchen zum Thema gefunden: https://de.wikihow.com/Vertrauen-wieder-aufbauen Aufgerufen am 22.01.2021

[40] Ebenda

[41] Hanson, Rick: Denken wie ein Buddha. Gelassenheit und innere Stärke durch Achtsamkeit. (Originaltitel: Hardwiring Happiness). Heyne 2018. S. 65-66

[42] Ebenda. S. 67-69

[43] Ebenda. S. 69

[44] https://dgek.de/was-ist-emotionale-kompetenz/ Aufgerufen am 28.01.2021

[45] Ebenda

[46] Covey, Stephen R.: Die sieben Wege zur Effektivität. Ein Konzept zur Meisterung Ihres beruflichen und privaten Lebens. Campus. 1996. S.92-93. Hervorhebung von mir.

[47] Ebenda S. 101

[48] Ebenda S. 100

[49] Ebenda S. 106-108 Hervorhebung von mir.

[50] Wie man sehr belastende Emotionen verstehen lernt und auflöst habe ich in meinem vorigen Buch ausführlich gezeigt, hier betrachten wir andere Aspekte von Emotionen.

[51] Santagati, Steve: „Mannual. So funktioniert der Mann." Fischer. 2010. S. 235

[52] Ebenda S. 286-287

[53] Ebenda S. 289

[54] Ebenda S. 288

[55] Hanson, Rick: Denken wie ein Buddha. Gelassenheit und innere Stärke durch Achtsamkeit. (Originaltitel: Hardwiring Happiness). Heyne 2018. S. 47-48. Hervorhebungen von Hanson.

[56] Ebenda S. 51,50

[57] Ebenda S. 58-59

[58] Lyubomirsky, Sonja: Glücklich SEIN. Warum Sie es in der Hand haben, zufrieden zu leben. Campus 2013. S.121

[59] Ebenda S. 122

[60] Ebenda S. 129

[61] Ebenda. S128

[62] Ebenda S.130

[63] Brewer, Judson: Unwinding anxiety: new science shows how to break the cycles of worry and fear to heal your mind. Avery, Penguin Random House LLC, 2021. Es gibt auch eine hervorragende App hierzu, die ich nur empfehlen kann. Bisher nur auf Englisch und Spanisch verfügbar. (Übersetzung aus dem Englischen von mir.)

[64] Ebenda. S.33

[65] Ebenda. S.31

[66] De Mello. S. 85

[67] Hanson S.82

[68] Hanson S.82

[69] Ebenda S. 137

[70] Es gibt noch viele andere Möglichkeiten, diese Technik zu nutzen, u.a. zum Beispiel, um negativen Gefühlen positive Gegenüberzustellen, die dazu passend sind, und diese auflösen können. Mit passend ist der Kontext des (unerfüllten) Bedürfnisses gemeint. Um genau zu sehen, wie das funktioniert, möchte ich auf das Buch von Hanson verweisen. Aber selbst in meinem kurzen

Beispiel sehen Sie z.B. das Gefühl der Verbundenheit, welches sehr wohl ein Antidot gegen Einsamkeit sein kann.

[71] Lyubomirsky, Sonja: Glücklich SEIN. Warum Sie es in der Hand haben, zufrieden zu leben. Campus 2013.

[72] Ebenda S.33

[73] Ebenda S. 34-35

[74] Falls Sie sie noch nicht kennen, empfehle ich Ihnen die folgenden Dokumentationen: We feed the World, Food Inc., Super Size Me 2: Holy Chicken! und Earthlings, wobei dies ein sehr heftiger Film ist.

[75] Wenn nicht, dann sind Sie erleuchtet ;)

[76] Duhigg, Charles: Die Macht der Gewohnheit. Warum wir tun, was wir tun. Piper 2020. S. 144

[77] Tschechne, Rainer: Die Angst vor dem Glück. Warum wir uns selbst im Weg stehen. Herbig 2012 S. 163.

[78] Ebenda S. 165

[79] Ebenda S. 223

[80] Ebenda S. 208

[81] Ebenda S. 215

[82] Duhigg. S. 74-78

[83] Ebenda S. 92,79

[84] Ebenda S. 336 ff.

[85] Ebenda S. 118-119

[86] Ebenda S.173

[87] Thaler, Richard H.: Nudge. Wie man kluge Entscheidungen anstößt. Ullstein 2020. S. 16

[88] Ricard, Matthieu: Glück. Knaur Mesnssana 2009. S. 270,281 Hervorhebungen von mir.

[89] Ebenda S. 282

[90] Fredrickson, Barbara: Die Macht der guten Gefühle. Wie eine positive Haltung Ihr Leben dauerhaft verändert. Campus 2011.

[91] Ebenda S.27,26

[92] Ebenda S. 39

[93] Sie können Ihren testen auf der Website posititvitiratio.com, Fredrickson empfiehlt es mindestens zwei Wochen lang täglich zu machen, um einen aussagekräftigen Mittelwert zu erhalten.

[94] Ebenda S. 186

[95] Fredrickson, Barbara: Love 2.0. Creating Happiness and Health in Moments of Connection. Plume (Penguin group) 2014.S. 4

[96] Ebenda S. 17

[97] Ebenda S. 36